505

AF628660

Merve Verlag

Monique Wittig

Das straighte Denken

Übersetzt von Arabel Summent und
Benjamin Dittmann-Bieber

Merve Verlag

Deutschsprachige Erstausgabe

Textnachweise (Erstveröffentlichungen):

Die Geschlechtskategorie [The Category of Sex], *Feminist Issues* 2, S. 63-68 (Juni 1982), doi.org/10.1007/BF02685553.

Man wird nicht als Frau geboren [On ne naît pas femme], *Questions Féministes*, Nr. 8 (Mai 1980), S. 75-84.

Das straighte Denken [La pensée Straight], *Questions Féministes*, Nr. 7 (Februar 1980), S. 45-53, doi.org/10.1007/BF02685561 [engl. Fassung].

Über den Gesellschaftsvertrag [On the Social Contract], *Feminist Issues* 9, S. 3-12 (März 1989), doi.org/10.1007/BF02685600.

Homo Sum [Homo Sum], *Feminist Issues* 10, S. 3-11 (März 1990), doi.org/10.1007/BF02686514.

Die Perspektive: universell oder spezifisch? [Avant-note], in: Djuna Barnes, *La Passion*, übers. v. Monique Wittig, Paris 1982, S. 7-18.

Das trojanische Pferd [The Trojan Horse], *Feminist Issues* 4, S. 45-49 (Juni 1984), doi.org/10.1007/BF02685548.

Genus stigmosus [The Mark of Gender], *Feminist Issues* 5, S. 3-12 (Juni 1985), doi.org/10.1007/BF02685575.

Am Ort des Geschehens [Le lieu de l'action], *Digraphe* 32 (1984), S. 69-75.

Printed in Germany
Druck- und Bindearbeiten: Alfa print, Martin
Umschlagentwurf: Jochen Stankowski, Dresden
Redaktorat: Tom Lamberty, Leipzig
ISBN 978-3-96273-065-9
www.merve.de

Inhalt

Louise Turcotte:

Der Perspektivenwechsel ... 7

Monique Wittig:

Vorwort ... 14

Die Geschlechtskategorie ... 20

Man wird nicht als Frau geboren ... 30

Das straighte Denken ... 45

Über den Gesellschaftsvertrag ... 60

Homo Sum ... 76

Die Perspektive: universell oder spezifisch? ... 91

Das trojanische Pferd ... 101

Genus stigmosus ... 110

Am Ort des Geschehens ... 126

Endnoten ... 140

DANKSAGUNG

Für ihre Hilfe und Unterstützung möchte ich Mary Jo Lakeland, Susan Ellis Wolf, Sande Zeig, Louise Turcotte, Pascale Noizet, Suzette Triton, Romany Eveleigh, Andrew Hrycyna, Beacon Press und Susan Meigs danken.

Der Perspektivenwechsel

Vorbemerkung von Louise Turcotte

Wenn es einen Namen gibt, der unweigerlich mit der französischen Frauenbewegung in Verbindung gebracht wird, dann ist es der von Monique Wittig. Ihr Renommee verdankt sie zu einem großen Teil ihrem literarischen Werk, das in viele Sprachen übersetzt worden ist. Monique Wittig ist nicht nur eine außergewöhnliche Schriftstellerin der zweiten Hälfte des 20. Jahrhunderts, sondern ihre theoretischen Texte machen sie zweifellos auch zu einer der größten zeitgenössischen Denkerinnen.

Der Einfluss Wittigs lässt sich nicht auf ein einziges Feld beschränken, sei es die Literatur, die Politik oder die Theorie: ihr Denken durchdringt sie allesamt. Gerade diese Multidimensionalität verleiht ihrer Arbeit ihre Bedeutung.

Über ihr literarisches Werk wurde viel geschrieben, über ihr theoretisches und politisches Denken hingegen noch zu wenig. Da ich das Glück hatte, Monique Wittig seit Anfang der 1970er Jahre persönlich zu kennen, möchte ich von ihrem politischen Denken berichten.

Die unmittelbaren Auswirkungen ihres Denkens lassen sich relativ leicht aufzeigen, schwieriger ist es dagegen, ihren Einfluss auf lange Sicht zu ermessen, besonders im Hinblick auf die Geschichte des Kampfes der Frauenbewegung, denn ihre Essays stoßen einige Prämissen der zeitgenössischen feministischen

Theorie radikal um. Ich werde hier über diese begriffliche Revolution sprechen.

Auf der jährlichen Konferenz der Modern Language Association, die 1978 in New York stattfand, ging dem herzlichen Empfang seitens des Publikums ein Augenblick verblüfften Schweigens voraus, nachdem Monique Wittig ihren Vortrag »Das straighte Denken« mit den Worten »Lesben sind keine Frauen« beendet hatte. Als der Text zwei Jahre später in der französischen Zeitschrift *Questions féministes* veröffentlicht wurde, hatte sich diese Verblüffung auf Seiten der radikaleren Feministinnen in den politischen Druck verwandelt, eine Anmerkung anzufügen, um das Fazit »abzumildern«. Eine derartig radikale Perspektive war zu diesem Zeitpunkt nicht zu begreifen. In Wirklichkeit war ein neues Kapitel in der Geschichte der Frauenbewegung von einer ihrer französischen Hauptinitiatorinnen aufgeschlagen worden. Worum geht es in diesem Kapitel? Warum können wir den Kampf der Frauen nicht mehr auf dieselbe Weise betrachten wie zuvor? Das liegt genau daran, dass sich unsere »Sichtweise« verschoben hat.

Seit Beginn des Jahrhunderts waren alle Kämpfe der Frauen – von der Verteidigung der »Frauenrechte« bis zur feministischen Analyse »der Unterdrückung von Frauen« – von der »Sichtweise der Frauen« ausgegangen, dass verstand sich von selbst. Über die Jahre verfeinerte sich diese Analyse, spaltete sich in unterschiedliche »Strömungen« auf wie bei allen Befreiungsbewegungen, war dieser grundlegende Konsens nie in Frage gestellt worden. Er schien im Übrigen unbestreitbar. Und so erschütterte die Behauptung »Lesben sind keine Frauen« sowohl das theoretische als auch das politische Programm einer ganzen Bewegung.

Indem sie sich auf die neuesten Konzepte des materialistischen und radikalen Feminismus bezog, einschließlich das der »Geschlechterklassen«, stellte Wittig einen grundlegenden vom Feminismus bisher unhinterfragten Standpunkt in Frage: die Heterosexualität. Heterosexualität nicht länger als Sexualität verstanden, sondern als politisches System. Bisher hatte der Feminismus das »Patriarchat« als System analysiert, dass auf der Herrschaft der Männer über die Frauen basierte. Die Kategorien »Mann« und »Frau« selbst waren hingegen nicht in Frage gestellt worden. An dieser Stelle entfaltet die »lesbische Existenz« ihre volle Wirkung, denn wenn diese beiden Kategorien nicht unabhängig voneinander existieren können, Lesben jedoch nur durch und für »Frauen« existieren, muss es dementsprechend einen Fehler in diesem Begriffssystem geben.

Anfang der 1980er Jahre wurde diese Perspektive von vielen Lesben in Frankreich und Québec »radikaler Lesbianismus« genannt; er führte zu einer völligen Neuausrichtung ihrer Strategie. Für radikale Lesben ist Heterosexualität ein politisches Regime, dass es zu stürzen gilt, und wir alle haben uns dabei von Wittigs Schriften anregen lassen. Wittigs Arbeiten waren für uns der Ausgangspunkt für Analyse und Aktion. Es galt, die Geschichte völlig neu aufzurollen.

Wenn die Geschichte aus dieser Perspektive neu geschrieben wird, so ist es interessant zu sehen, dass die Grundlagen einer Kritik der Heterosexualität als »politischer Institution« bereits Anfang der 1970er Jahre von einigen lesbischen Splittergruppen in den USA[1] geschaffen worden waren. Doch der separatistische Lesbianismus beschäftigte sich nicht näher mit dieser

Analyse, sondern versuchte eher aus einem essentialistischen Denken heraus neue lesbische Werte innerhalb der lesbischen Gemeinschaft zu entwickeln. Das heißt jedoch, damals wie heute, zu ignorieren, dass »die Heterosexualität ihre politische Macht nur über die Zerstörung oder Negation [...] des Lesbianismus erhalten kann«[2]. Lesbische Gemeinschaften sind folglich strategisch notwendig; wenn sie sich jedoch nicht im Kontext einer politischen Bewegung situieren, die die Abschaffung des heterosexuellen Systems zum Ziel hat, spielen sie eine völlig andere Rolle; es geht darum, eine völlig »neue Kategorie« zu schaffen. Wirklicher Wandel kann jedoch nur durch die Zerstörung existierender Kategorien erreicht werden. Monique Wittigs Denken hat uns vor Augen geführt, dass es nicht darum geht, die »Frau« durch die »Lesbe« zu ersetzen, sondern unsere strategische Position zu nutzen, um das heterosexuelle System zu zerstören. »Wir [Lesben] sind Geflüchtete unserer Klasse wie die entflohenen amerikanischen Versklavten [...].« (*Man wird nicht als Frau geboren*) Dieser Kerngedanke verleiht der lesbischen Perspektive ihre politische Dimension, die man beim Lesen der Texte Wittigs stets im Hinterkopf behalten sollte.

In den USA hatte Adrienne Rich mit ihrem 1980 veröffentlichten Essay »Zwangsheterosexualität und lesbische Existenz« eine feministische Analyse der Heterosexualität vorgelegt. Für Rich ist Heterosexualität eine »aufgezwungene, inszenierte, organisierte, von Propaganda gestützte und mit Gewalt aufrechterhaltene[3]« Sexualität. Ihr Text verortet Heterosexualität als politische Institution im Patriarchat selbst. Die lesbische Existenz stellt einen Akt des Widerstands gegen diese Institution dar, damit sie »dieses Politikum jedoch in einer letzten befreienden Form aufnehmen und verwirklichen kann, muß die erotische Wahl vertieft und zu bewußter Frauenidentifikation [...] entwickelt werden.«[4] Rich stützt ihr Konzept der Heterosexualität auf denselben eingeschränkten analytischen Rahmen wie die zeitgenössische feministische Theorie, den »Standpunkt der Frauen«, den der radikale Lesbianismus gar nicht erst ignoriert. Für ihn ist der Lesbianismus per se politisch und steht außerhalb des heterosexuellen politischen Regimes. Die Rede von der »Zwangsheterosexualität« ist redundant.

»Das Bewusstsein der Unterdrückung ist nicht nur eine Reaktion auf (ein Kampf gegen) die Unterdrückung. Es schließt auch die gesamte konzeptuelle Neubewertung der sozialen Welt ein.« (*Man wird nicht als Frau geboren*) Diese Sätze fassen für mich Monique Wittigs Haltung zusammen. Ich lernte Monique durch unser gemeinsames Engagement in aktivistischen Gruppen kennen. Ihr tiefer Respekt vor jedem Individuum und ihre ebenso tiefe Verachtung für jegliche Form der Macht haben meine Vorstellung von Aktivismus nachhaltig geprägt. Ihr Denken hat mir auch die Notwendigkeit eines wechselseitigen Austauschs zwischen Theorie und Politik nähergebracht. Wir können den politischen Kampf nicht ohne diese konstante Dynamik begreifen, die eine Herausforderung für uns Aktivistinnen darstellt, da sie uns eine ständige Wachsamkeit und die ständige Bereitschaft zur Neubewertung unserer Handlungen und Positionen abverlangt. Aus dieser Perspektive muss auch die Kritik des radikalen Lesbianismus am Feminismus gedeutet werden.

»Die Transformation der ökonomischen Verhältnisse allein wird nicht ausreichen. Wir müssen eine politische Transformation der Schlüsselbegriffe herbeiführen, also jener Begriffe, die für uns strategisch nützlich sind.« (*Das straighte Denken*) Indem er das politische Regime der Heterosexualität ausklammert, fokussiert der zeitgenössische Feminismus auf eine Anpassung des Systems anstatt auf seine Aufhebung. Mir scheint, gleiches gilt für die in den letzten Jahren so populär gewordene Vorstellung von »Gender«, dessen Gebrauch häufig die Realität verdeckt, dass Frauen unterdrückt werden. »Gender« will zwar die sozialen Bezüge zwischen Männern und Frauen abbilden, verschleiert oder schwächt jedoch die Vorstellung der »Geschlechterklassen«, und eliminiert so die politische Dimension dieser Beziehungen.

In den Essays von Wittig gibt es einen entscheidenden Gedanken, den das folgende Zitat treffend zusammenfasst: »Ein Text von einer Minoritätenautorin ist nur wirksam, wenn er seine minoritäre Sichtweise zu universalisieren vermag.« (*Der Standpunkt*) Das erklärt die große Schlagkraft der Texte Wittigs. Indem sie die lesbische Perspektive universell geltend macht, wirft sie unsere gewohnten Konzeptionen über Bord. Denn bisher mussten Minoritätenautorïnnen ihrem Standpunkt »das Universelle« beimischen, wollten sie an die unantastbare Universalität der Herrschenden heranreichen. So haben sich zum Beispiel schwule Männer schon immer als Minderheit definiert, und, trotz ihrer Transgression, die herrschenden Klasse nie in Frage gestellt. Daher erfreut sich die schwule Kultur eines relativ großen Zuspruchs. Das lesbische Denken Wittigs strebt nicht nach Transgression, sondern nach Aufhebung der Kategorien von Gender und Geschlecht, auf dem die Vorstellung der Universalität letztlich beruht. »Die Geschlechter (Gender), die Geschlechterdifferenz, Mann, Frau, Ethnie, Schwarz, Weiß, die Natur, das sind seine Grundparameter [die des straighten Denkens]. Sie haben unsere Begriffe, unsere Gesetze, unsere Institutionen, unsere Geschichte und unsere Kulturen zutiefst geprägt.« (*Homo Sum*) Die Parameter zu untersuchen, auf denen das universelle Denken gründet, erfordert eine Neubewertung aller grundlegenden Analysewerkzeuge, einschließlich der Dialektik. Nicht um sie zu beseitigen, sondern um sie wirksamer zu machen.

Monique Wittigs Werk ist ein perfektes Beispiel dafür, wie sich Theorie und Politik verbinden lassen. Allzu oft werden diese beiden grundlegenden Elemente als voneinander getrennt wahrgenommen: Zum einen die theoretische, zum anderen die politische Arbeit, die beide parallel ablaufen, obwohl sie sich eigentlich überschneiden sollten. Dieses Zusammengehen von Theorie und Politik ist jedoch die Grundvoraussetzung für alle politischen Kämpfe, und genau das macht Wittigs Denken so irritierend. Die theoretische Übereinstimmung ist der erste Schritt zum gemeinsamen politischen Kampf. Wenn wir uns in der Theorie einig sind, ist der Lauf der Geschichte bereits erschüttert.

Louise Turcotte,
Mitglied des Gründungskollektivs von
Amazones d'hier, Lesbiennes d'aujourd'hui.

Die erste Hälfte der in diesem Band versammelten Essays folgt einem politischen und philosophischen Ansatz, den ich »materialistischer Lesbianismus« nennen würde. Ich beschreibe Heterosexualität nicht als gesellschaftliche Realität, sondern als politisches Regime, das auf der Unterdrückung und Aneignung von Frauen beruht. In ihrer aussichtslosen Lage können sich Frauen wie einst Leibeigene und Sklavinnen höchstens dafür »entscheiden«, die Beine in die Hand zu nehmen, um ihrer Klasse oder ihrem Umfeld zu entkommen (wie Lesben es tun), und/oder den Gesellschaftsvertrag jeden Tag, und Wort für Wort, neu auszuhandeln. Aber Flucht ist unmöglich (denn für Frauen gibt es keine Zuflucht, kein anderes Ufer des Mississippi, kein Palästina und kein Liberia). Als Ausweg bleibt nur, für sich selbst einzustehen, als entlaufene Sklavin, als Lesbe. Man wird meinen Ansichten zugestehen, dass sie hart anmuten, und wenn man sich die ihnen entgegenstehenden Jahrhunderte vergegenwärtigt, ist das auch kein Wunder. Um zu begreifen, was wirklich los ist, muss man zuerst die normalen Denkwege von Politik, Philosophie, Anthropologie, Geschichte, der »Kulturen« hinter sich lassen. Dann sollte man das generöse philosophische Spielzeug namens Dialektik zur Seite legen, da es uns nicht erlaubt, die Opposition von Frauen und Männern in den Begriffen des Klassenkampfs zu erfassen. Man muss verstehen, dass dieser Konflikt nicht für die Ewigkeit bestimmt ist, und ihn beenden zu wollen voraussetzt, dass wir die

Kategorien »Frau« und »Mann« auf politischer, philosophischer und symbolischer Ebene zerstören.

Die Dialektik war uns keine große Hilfe. Darum ist das Verständnis dessen, was »Materialismus« und Materialität sind, nun uns überlassen. Ich möchte hier einige Namen nennen, ohne die ich mir wohl kaum zugetraut hätte, die Welt des straighten Denkens im Ganzen in Angriff zu nehmen. In chronologischer Reihenfolge ihrer Publikationen sind dies: Nicole-Claude Mathieu, Christine Delphy, Colette Guillaumin, Paola Tabet, Sande Zeig, die für mich die wichtigsten politischen Einflüsse beim Schreiben dieser Essays waren. Sie alle verdienen einen eigenen Absatz.

Nicole-Claude Mathieu war die Erste, die Frauen als soziale und anthropologische Größe in den Sozialwissenschaften etablierte, und zwar nicht nur als Anhängsel von Männern, sondern als eigenständige Gruppe. Sie ist die Begründerin dessen, was sie die Anthropologie der Geschlechter nannte. Doch sie ist nicht nur Anthropologin, sondern auch Philosophin in der französischen Tradition. Ihr letzter Artikel über das Bewusstsein ist bahnbrechend. Mathieus Analyse des unterdrückten Bewusstseins – nicht gleichbedeutend mit dem entfremdeten Bewusstsein – gibt uns das fehlende Bindeglied in der Geschichte des Bewusstseins an die Hand.

Christine Delphy prägte den Begriff »materialistischer Feminismus«, sie hat den marxistischen Klassenbegriff erweitert, indem sie gezeigt hat, wo er zu kurz greift, da er jegliche Form unbezahlter Arbeit unberücksichtigt lässt, also jene Form von Arbeit, die laut den aktuellen Zahlen der Vereinten Nationen zwei Drittel der auf unserem Planeten geleisteten Arbeit ausmacht.

Colette Guillaumin transformierte die Auffassung von Materialismus und Materialität, die nach ihr kaum wiederzuerkennen ist. Man muss Guillaumin lesen, um verstehen zu können, wie weit das, was wir bisher »Materialismus« genannt haben, fehlging, weil dabei der wichtigste Aspekt von Materialität ignoriert wurde. Da sind zum einen die körperlichen und geistigen Anstrengungen jener Form von Arbeit, die im Wesentlichen aus körperlichen Diensten für eine oder mehrere Personen besteht, ohne jeden Lohnausgleich, und zum anderen die körperlichen und geistigen Auswirkungen dieser Form von Arbeit auf die so arbeitende Frau, die sich Tag und Nacht ihrer selbst beraubt sieht. Guillaumin ist weitläufiger bekannt für ihre Analyse der doppelten Aneignung von Frauen: Eine private Aneignung durch ein Individuum (Ehemann oder Vater), und eine kollektive Aneignung der gesamten Gruppe, einschließlich nicht mit ihr liierter Personen, durch die Klasse der Männer. In einem Wort: »sexage«, struktureller Sexismus. Selbst wenn du solo bist, musst du eigentlich stets verfügbar sein für die Pflege von Kranken, Alten, Schwachen (wie es Nonnen oder Ehrenamtler'innen tun), egal ob sie zu deiner Familie gehören oder auch nicht.

Paola Tabets Arbeiten im Bereich der Anthropologie der Geschlechter beschreiben Frauen als kollektiv angeeignete Gruppe. Vor allem in ihren letzten Arbeiten zur Prostitution weist sie auf ein Kontinuum von sogenannten Prostituierten und Lesben hin, als Klasse von Frauen, die zwar keiner privaten Aneignung unterliegen, aber dennoch Objekte kollektiver heterosexueller Unterdrückung sind.

Sande Zeig, mit der ich *Lesbische Völker. Ein Wörterbuch* und das Stück *Die Reise dauert an* geschrieben habe, verdanke ich ein Verständnis der Auswirkungen von Unterdrückung auf den Körper – wie sie seine Form prägt, seine Gesten, Bewegungen, Motorik, bis hinein in seine Muskulatur –, die in der abstrakten Welt der Ideen begründet ist, ihre Wirkung aber durch die Worte entfaltet, die ihr Nachdruck verleihen. Ihre Arbeit als Schauspielerin und Autorin stand mir vor Augen, als ich (in *Genus stigmosus*) schrieb: »Die Sprache wirft Schatten der Realität auf den sozialen Körper, prägt und formt ihn gewaltsam. Beispielsweise werden die Körper sozialer Akteure durch abstrakte Sprache ebenso geformt wie durch nicht-abstrakte Sprache.«

Viele weitere wichtige Namen blieben ungenannt (Colette Capitan, Monique Plaza, Emmanuelle de Lesseps, Louise Turcotte, Danièle Charest, Suzette Triton, Claudie Lesselier, etc.). Ich wollte an dieser Stelle nur die Menschen mit unmittelbarem Einfluss auf mein Denken erwähnen.

Die hier versammelten Essays bestehen aus zwei Teilen. Wie bereits erwähnt, widmet sich die erste Hälfte der politischen Diskussion. Mit *Die Geschlechtskategorien* wollte ich Geschlecht als politische Kategorie ausweisen. Das im englischen und amerikanischen Sprachraum bereits geläufige Wort »Gender« scheint mir nämlich zu ungenau. *Man wird nicht als Frau geboren* will den Kampf von Frauen als Klasse vom essenzialistischen Konzept »Frau sein« abgrenzen. In *Das straighte Denken* zeichne ich ein Denken nach, das Heterosexualität jahrhundertelang als selbstverständlich zementierte. *Der Gesellschaftsvertrag* verhandelt die Idee, dass es eine Welt jenseits des heterosexuellen Gesellschaftsvertrags gibt. *Homo sum* untersucht das politische Denken und die Zukunft der Dialektik.

In der zweiten Hälfte des Buchs komme ich auf mein Hauptanliegen zu sprechen: das Schreiben. Mein erstes Buch *Opoponax* schrieb ich unter dem Eindruck des französischen Nouveau Roman, einer Schule von Autorinnen und Autoren, die ich für ihre Revolutionierung des Romans und ihren Einsatz für Literatur als Literatur immer sehr bewunderte. Sie lehrten mich, was Arbeit in und an der Literatur bedeutet.

In *Die Perspektive: universell oder spezifisch?* untersuche ich das Problem eines Kunstwerks, dessen literarische Formen nicht wahrgenommen werden können, weil sein Inhalt (hier: Homosexualität) zu sehr im Vordergrund steht.

Das trojanische Pferd verhandelt Sprache als Rohstoff für Schreibende, und wie massiv das erste Auftreten neuer literarischer Formen ihre jeweiligen Kontexte verändert. Dieser Essay entstammt übrigens einer unveröffentlichten Arbeit, die ich *Die literarische Werkstatt* (*Le Chantier littéraire*) nenne.

In *Genus stigmosus* untersuche ich die ursprüngliche Bedeutung von Gender und wie es als linguistischer Index die materielle Unterdrückung von Frauen spiegelt.

Am Ort des Geschehens blickt auf Sprache als den ultimativen Gesellschaftsvertrag, eine Idee, die von den Arbeiten Nathalie Sarrautes inspiriert wurde.

Verschiedene Zeitschriften haben Arbeiten zum neuen Materialismus veröffentlicht. Die erste war *Questions féministes*, deren Redaktionskollektiv mich während meiner ersten USA-Reise einlud.

Ich bereitete damals eine Seminarreihe für das French Department der University of California (Berkeley) vor und versuchte selbst eine epistemologische Revolution im Verständnis der Unterdrückung von Frauen loszutreten. Begeistert schloss ich mich der Gruppe an, die die gleiche Richtung verfolgte.

Feminist Issues wurde wenige Jahre später in Berkeley gegründet, um sich dem Konzept des Feministischen Materialismus zu widmen. Ihr Redaktionskollektiv engagierte mich als fachliche Beraterin. Trotz der in Frankreich über die lesbische Frage entbrannten Streitigkeiten hatten die amerikanischen Herausgeberinnen (Mary Jo Lakeland und Susan Ellis Wolf) entschieden, dass das Thema der Zeitschrift nicht schaden würde, und es in einem internationalen Umfeld endlich die Aufmerksamkeit erhalten würde, die es verdiente.

Amazones d'hier, Lesbiennes d'aujourd'hui wurde in Montreal von radikalen Lesben um Louise Turcotte und Danièle Charest publiziert, die verstanden hatten, wie wichtig eine Theorie des materialistischen Feminismus war, und wie wichtig es war, sie zu überwinden, und zwar mit Hilfe der Theorie und des Kampfes, den sie aufgegriffen und weitergeführt hatten.

Monique Wittig
Tucson
Januar 1991

Die Geschlechtskategorie

1976 / 1982

Und doch stellt O, auf ihre Weise, ein männliches Ideal dar, jedenfalls ein Männerideal. Endlich eine Frau, die es zugibt! Die was zugibt? Das, wogegen die Frauen sich allezeit gewehrt haben (und niemals heftiger als heute). Das, was die Männer aller Zeiten ihnen vorgeworfen haben: daß sie immer nur ihrem Blut gehorchen; daß alles an ihnen Sexus ist, sogar der Verstand.

Jean Paulhan, »Das Glück in der Sklaverei«,
Vorwort zu *Die Geschichte der O* von Pauline Réage

Ein seltsamer Aufstand forderte im Lauf des Jahres 1838 auf der friedlichen Insel Barbados blutige Opfer. Etwa zweihundert Schwarze, Männer und Frauen, sämtlich durch die März-Erlasse in Freiheit gesetzt, suchten eines Morgens ihren früheren Herrn auf, einen gewissen Glenelg, und baten ihn, sie wieder als Sklaven anzunehmen. ... Ich glaube ... daß Glenelgs Sklaven in ihren Herrn verliebt waren, daß sie ohne ihn nicht leben konnten.

Jean Paulhan, »Das Glück in der Sklaverei«

Wozu heiraten? ... mir geht es auch so gut. Was soll ich mit einer Frau? ... Was soll an Weibern schon Gutes sein? – Das Weib ist für die Arbeit geschaffen. ... Das Weib ist die Dienerin des Mannes. – Wozu brauche ich eine Arbeiterin? – Genau, mit fremden Händen die Kartoffeln aus dem Feuer holen, das gefällt dir… – Dann verheirate mich doch, wenn es so ist.

Ivan Turgenjew, *Aufzeichnungen eines Jägers*

Die Persistenz von Geschlechtern ebenso wie die von Herrschaft und Knechtschaft wurzelt in demselben Glauben, und da es keine Knechte ohne Herren gibt, gibt es folglich auch keine Frauen ohne Männer. Die Ideologie der sexuellen Differenz fungiert in unserer Kultur als Zensur, indem sie unter Berufung auf die Natur die soziale Opposition zwischen Männern und Frauen verdeckt. Maskulin/feminin, männlich/weiblich sind Kategorien, die der Verschleierung der Tatsache dienen, dass soziale Differenzen immer einer ökonomischen, politischen und ideologischen Ordnung angehören. Jedes Herrschaftssystem erzeugt Aufspaltungen auf materieller und ökonomischer Ebene. Diese Aufspaltungen werden zudem abstrahiert und erst von den Herren und dann von den Knechten, wenn sie sich auflehnen und zu kämpfen beginnen, in Begriffe umgewandelt. Die Herren erklären und rechtfertigen die etablierten Aufspaltungen als Resultat natürlicher Differenzen. Wenn die Knechte sich auflehnen und zu kämpfen beginnen, interpretieren sie die so genannten natürlichen Differenzen als soziale Gegensätze.

Es gibt kein Geschlecht an sich. Es gibt nur unterdrücktes Geschlecht und Geschlecht, das unterdrückt. Unterdrückung erschafft Geschlecht und nicht umgekehrt. Das Gegenteil hieße, zu behaupten, Geschlecht erzeuge Unterdrückung oder, dass der Grund (Ursprung) von Unterdrückung im Geschlecht selbst läge, in einer natürlichen, der Gesellschaft vorgängigen (oder sich außerhalb von ihr befindlichen) Geschlechtertrennung.

Das Primat der Differenz bestimmt unser Denken derart, dass wir es selbst nie in Frage stellen würden, wie notwendig dies auch immer sein mag, um die Grundlage dessen zu begreifen, was es genau konstituiert. Differenz mit dialektischen Begriffen zu erfassen, bedeutet die widersprüchlichen Begriffe sichtbar zu machen, die es aufzulösen gilt. Soziale Realität mit den Termini des dialektischen Materialismus zu erklären, bedeutet die Klassengegensätze Wort für Wort nachzuvollziehen und sie unter derselben Kopula zusammenzubringen (ein Konflikt in der sozialen Ordnung), wodurch die offensichtlichen Widersprüche aufgelöst werden können (eine Aufhebung in der sozialen Ordnung).

Der Klassenkampf löst die Widersprüche zwischen den antagonistischen Klassen auf, indem er sie aufhebt und zugleich konstituiert und als Klassen kenntlich macht. Der Klassenkampf zwischen Frauen und Männern, den alle Frauen aufnehmen sollten, löst die Widersprüche zwischen den Geschlechtern auf, und hebt sie in dem Moment auf, in dem er sie begreifbar macht. Wir müssen dabei zu Kenntnis nehmen, dass die Widersprüche immer einer materiellen Ordnung angehören. Der zentrale Gedanke besteht für mich darin, dass es vor dem Konflikt (Rebellion, Kampf) keine antagonistischen Kategorien gibt, sondern nur die Differenz. Erst wenn der Kampf ausbricht, zeigt sich die brutale Realität der Gegensätze und die politische Natur der Differenzen. Denn so lange Gegensätze (Differenzen) als gegeben, bereits vorhanden, dem Denken vorgängig, »natürlich« erscheinen – solange es keinen Konflikt und keinen Kampf gibt –, gibt es auch keine Dialektik, keinen Wandel, keine Bewegung. Das herrschende Denken verweigert sich der Selbstbefragung, die es verstehen ließe, durch was es in Frage gestellt würde.

Solange es keinen Kampf der Frauen gibt, gibt es keinen Konflikt zwischen Männern und Frauen. Das Schicksal der Frauen besteht darin, drei Viertel der gesellschaftlich relevanten Arbeit (im öffentlichen wie im privaten Bereich) zu leisten, und dazu noch die vorschriftsmäßige körperliche Reproduktionsarbeit. Es ist das Schicksal von Frauen, ermordet, verstümmelt, körperlich und psychisch gefoltert und missbraucht, vergewaltigt, verprügelt und zur Heirat gezwungen zu werden. Und das Schicksal ist ja angeblich unabänderlich. Frauen wissen nicht, dass sie vollkommen von Männern beherrscht werden und wenn sie diese Tatsache erkennen, können sie »es kaum glauben.« Als letzte Zuflucht vor der nackten und brutalen Realität weigern sie sich häufig, zu »glauben«, dass sie von Männern absichtlich beherrscht werden (denn Unterdrückung ist für die Unterdrückten viel schlimmer als für die Unterdrücker). Männer andererseits wissen nur zu gut, dass sie Frauen beherrschen (»Wir sind Herr über die Frauen«, sagte André Breton[5]) und sind darin versiert. Sie müssen es nicht ständig zum Ausdruck bringen, denn von der Herrschaft über den eigenen Besitz spricht man nur selten.

Was ist das für ein Denken, dass sich nicht in Frage stellen will, dass nie hinterfragt, was es eigentlich konstituiert? Dieses Denken ist das herrschende Denken. Ein Denken, das ein »immer schon dagewesen« der Geschlechter behauptet. Das behauptet, Geschlecht sei dem Denken, der Gesellschaft vorgängig. Es ist das Denken jener, die über Frauen herrschen.

> Die Gedanken der herrschenden Klasse sind in jeder Epoche die herrschenden Gedanken, d.h. die Klasse, welche die herrschende *materielle* Macht der Gesellschaft ist, ist zugleich ihre herrschende *geistige* Macht. Die Klasse, die die Mittel zur materiellen Produktion zu ihrer Verfügung hat, disponiert damit zugleich über die Mittel zur geistigen Produktion, so daß ihr damit zugleich im Durchschnitt die Gedanken derer, denen die Mittel zur geistigen Produktion abgehen, unterworfen sind. Die herrschenden Gedanken sind weiter Nichts als der Ideelle Ausdruck der herrschenden materiellen Verhältnisse, die als Gedanken gefaßten herrschenden materiellen Verhältnisse; also der Verhältnisse, die eben die eine Klasse zur herrschenden machen, also die Gedanken ihrer Herrschaft. (Marx und Engels, *Die Deutsche Ideologie*)

Dieses auf dem Primat der Differenz gründende Denken ist das Herrschaftsdenken.

Herrschaft versorgt Frauen mit einer Masse an Daten zu Gegebenheiten, zu Apriori, die, gerade weil sie fragwürdig sind, ein riesiges politisches Konstrukt bilden, ein engmaschiges Netz, das alles umspannt: unsere Gedanken, unsere Gesten, unsere Handlungen, unsere Arbeit, unsere Gefühle, unsere Beziehungen. Somit belehrt uns Herrschaft in jederlei Hinsicht:

- dass jeder Form des Denkens, jeder Form von Gesellschaft »Geschlechter« vorausgehen (zwei Kategorien von Individuen bei Geburt) die eine konstitutive Differenz begründen, eine Differenz mit ontologischen Folgen (der metaphysische Ansatz),

- dass jeder Form des Denkens, jeder Form einer gesellschaftlichen Ordnung, »Geschlechter« mit »natürlichen« oder »biologischen« oder »hormonellen« oder »genetischen« Unterschieden vorausgehen, was soziologische Konsequenzen hat (der wissenschaftliche Ansatz),

- dass jeder Form des Denkens, jeder Form einer gesellschaftlichen Ordnung eine »natürliche Arbeitsteilung in der Familie« vorausgeht, eine »Teilung der Arbeit [, die] ursprünglich nichts anderes *als* die Arbeitsteilung im Geschlechtsakt ist« (der marxistische Ansatz).

Welchen Ansatz wir uns auch ansehen, der Grundgedanke bleibt im Wesentlichen der gleiche. Die Geschlechter müssen trotz ihrer konstitutiven Differenz zwangsläufig Beziehungen von Kategorie zu Kategorie entwickeln. Da diese Beziehungen der natürlichen Ordnung angehören, können sie nicht als sozial gelten. Dieses Denken, das alle, auch ganz alltägliche Diskurse durchdringt (Adams Rippe oder Adam *ist*, Eva ist Adams Rippe) ist das Herrschaftsdenken. Sein Diskurskorpus wird auf allen Ebenen der sozialen Realität laufend verstärkt und verdeckt die politische Tatsache, dass ein Geschlecht von dem anderen unterworfen wird, also den Zwangscharakter der Kategorie selbst (die die erste Festlegung des sozialen Wesens im Personenstand konstituieren). Die Geschlechtskategorie existiert nicht a priori, vor der Gesellschaft. Und da es nur soziale Herrschaft gibt, kann die Geschlechtskategorie kein Produkt natürlicher Herrschaft sein, sondern ist vielmehr ein Produkt der Herrschaft von Männern über Frauen.

Die Geschlechtskategorie ist die politische Kategorie, die die Gesellschaft als heterosexuelle begründet. Daher betrifft sie nicht das Sein, sondern die Beziehungen (denn Frauen und Männer sind das Ergebnis von Beziehungen), obwohl diese beiden Aspekte in der Diskussion stets verwechselt werden. Die Geschlechtskategorie bestimmt das Verhältnis, auf dem (heterosexuelle) Gesellschaft gründet und durch das die Hälfte der Bevölkerung, die Frauen, »heterosexualisiert« (die Erschaffung von Frauen gleicht der von Eunuchen, der Zucht von Versklavten und Tieren) und einer heterosexuellen Ökonomie unterworfen werden, als »natürlich«. Denn die Geschlechtskategorie ist das Produkt einer heterosexuellen Gesellschaft, die Frauen rigoros zur Reproduktion der »Gattung« verpflichtet, ihnen also die Reproduktion der heterosexuellen Gesellschaft aufbürdet. Heterosexualität gründet ökonomisch in diesem Ausbeutungssystem, dem Zwang, die »Gattung« zu reproduzieren. Im Grunde ist die Reproduktion jene Arbeit, jene weiblichen Produktionsweise, durch die sich die Aneignung der gesamten weiblichen Arbeit durch Männer fortschreibt. Dazu gehört auch die Aneignung von Arbeiten, die auf »natürliche Weise« mit der Reproduktion verbunden sind, wie Kindererziehung und Hausarbeit. Diese Aneignung der Arbeit von Frauen erfolgt in gleicher Weise wie die Aneignung der Arbeit der Arbeiterklasse durch die herrschende Klasse. Man kann nicht behaupten, eine dieser beiden Produktionsweisen (Reproduktionen) sei »natürlich«, derweil die andere sozial sei. Dieses Argument dient nur zur theoretischen und ideologischen Rechtfertigung der Unterdrückung, um Frauen glauben zu machen, dass sie vor jeder Form von Gesellschaft und in allen Gesellschaften dem Zwang zur Reproduktion unterworfen sind. Da wir jedoch außerhalb des Kontextes der Ausbeutung nichts über Arbeit und die gesellschaftliche Produktion wissen, wissen wir auch nichts über die Reproduktion der Gesellschaft außerhalb ihres ausbeuterischen Kontextes.

Die Geschlechtskategorie ist das Produkt einer heterosexuellen Gesellschaft, in der sich Männer die Reproduktion und Produktion von Frauen und ihre natürlichen Personen vermittels eines Vertragsschlusses aneignen, der sich Ehevertrag nennt. Man vergleiche diesen Vertrag mal mit jenem, der den Arbeiter an seinen Arbeitgeber bindet. Der Vertrag, der die Frau an den Mann bindet, wird grundsätzlich auf Lebenszeit geschlossen und kann nur vom Rechtssystem aufgehoben werden (Scheidung). Er weist der Frau gewisse Verpflichtungen zu, einschließlich unbezahlter Arbeit. Die Arbeit (Hausarbeit, Kindererziehung) und die Pflichten (Aufgabe ihrer Reproduktion im Namen des Ehemannes, Zusammenleben bei Tag und bei Nacht, erzwungener Beischlaf, Zuweisung des Wohnsitzes, impliziert durch den Rechtsbegriff der »Anpassung an den ehelichen Wohnsitz«), bedeuten in jeder Hinsicht eine Auslieferung der physischen Person der Frau an den Ehemann. Dass die Frau unmittelbar von ihrem Mann abhängig ist, ist indirekt im Grundsatz der Polizei enthalten, nicht einzugreifen, wenn ein Mann seine Frau schlägt. Wenn ein Bürger einen anderen attackiert, schreitet die Polizei mit der spezifischen Anklage einer vorsätzlichen Körperverletzung ein. Eine Frau, die einen Ehevertrag unterzeichnet, hat jedoch ihren Status als ordentliche Bürgerin (geschützt vom Gesetz) aufgegeben. Die Polizei bringt offen ihre Aversion zum Ausdruck, sich in häusliche

Angelegenheiten einzumischen (im Gegensatz zu zivilen Angelegenheiten), bei denen die staatliche Autorität keine unmittelbare Rolle spielt, da sie an den Ehemann übertragen wurde. Um zu sehen, wie weit die Ausübung dieser Autorität geht, muss man nur einen Blick in die Frauenhäuser werfen.

Die Geschlechtskategorie ist das Produkt der heterosexuellen Gesellschaft, die die Hälfte der Bevölkerung zu sexuellen Wesen macht, denn Geschlecht ist eine Kategorie, aus der Frauen nicht ausbrechen können. Wo sie auch sind, was sie auch tun (einschließlich der Arbeit im öffentlichen Dienst), sie werden als sexuell verfügbar gelesen (und dazu gemacht), ihre Brüste, ihr Gesäß und ihr Kostümchen müssen gut sichtbar sein. Sie müssen ihren gelben Stern, ihr ständiges Lächeln, Tag und Nacht tragen. Man möge bedenken, dass jede Frau, ob verheiratet oder nicht, einen Zeitraum erzwungener sexueller Dienstbarkeit durchmacht, eine sexuelle Dienstbarkeit, die mit dem Militärdienst vergleichbar ist und einen Tag, ein Jahr, fünfundzwanzig Jahre oder mehr dauern kann. Einige Lesben und Nonnen entfliehen dem, es sind jedoch sehr wenige, auch wenn die Zahl steigt. So sehr Frauen als sexuelle Wesen sichtbar gemacht werden, als soziale Wesen sind sie gänzlich unsichtbar, sollen so wenig wie möglich in Erscheinung treten und wenn sie es doch tun, dann immer unter irgendeinem Vorwand. Man muss nur Interviews mit außergewöhnlichen Frauen lesen, um zu sehen, wie sie sich ständig entschuldigen. Noch heute berichten Zeitungen, dass »zwei Studenten und eine Frau«, »zwei Rechtsanwälte und eine Frau«, »drei Reisende und eine Frau« gesehen wurden, wie sie dies oder jenes taten. Denn die Geschlechtskategorie haftet Frauen an, nur sie können nicht außerhalb dieser gedacht werden. Nur *sie* sind Geschlecht, *das* Geschlecht. Ihr Denken, ihre Körper, ihre Handlungen und Gesten sind zu Geschlecht gemacht worden; sogar die Morde an ihnen und die körperliche Gewalt, die sie erleiden, sind geschlechtlich. Die Geschlechtskategorie hält Frauen fest im Griff.

Dass die Geschlechtskategorie totalitär ist, zeigt sich an ihren Inquisitionen, ihren Gerichten, ihren Tribunalen, ihren Gesetzen, ihrem Terror, ihren Foltern, ihren Zerstörungen, ihren Hinrichtungen, ihrer Polizei. Da sie alle geistige Produktion kontrolliert, formt sie das Denken ebenso wie den Körper. Sie ergreift unser Denken derart, dass wir nicht von ihr losgelöst denken können. Wir müssen sie also zerstören und über sie hinausdenken, wenn wir überhaupt denken wollen. Und wir müssen die Geschlechter als soziologische Realität zerstören, wenn wir anfangen wollen zu existieren. Die Geschlechtskategorie ist die Kategorie, die Frauen zu Sklavinnen macht, sie funktioniert, wie bei den Schwarzen Versklavten, über ein bestimmtes Reduktionsverfahren, indem ein Teil für das Ganze genommen wird, ein Teil (Hautfarbe, Geschlecht) fungiert als Filter, durch den eine ganze Menschengruppe hindurchmuss. Es ist auffällig, dass in zivilrechtlichen Angelegenheiten Hautfarbe ebenso wie Geschlecht nach wie vor »angegeben« werden müssen. Da die Sklaverei abgeschafft wurde, wird die »Angabe« der »Hautfarbe« heutzutage als diskriminierend erachtet. Für die »Angabe« von »Geschlecht« gilt dies allerdings nicht, und nicht einmal Frauen träumen davon, dass diese abgeschafft wird. Ich finde, es ist an der Zeit, dies zu tun.[6]

1981

Wenn wir die Unterdrückung der Frau aus materialistisch-feministischer[7] Perspektive betrachten, ist der Vorstellung, Frauen seien eine »natürliche Gruppe«, »eine *racial group* der besonderen Art, eine *als natürlich* wahrgenommene Gruppe, eine Gruppe von Menschen, die über die spezifische Materialität ihrer Körper gelesen wird«[8], schnell ein Ende bereitet.

Was die Analyse auf der Vorstellungsebene erreicht, wird in der Praxis auf Ebene der Tatsachen verwirklicht: Die lesbische Gesellschaft zerstört durch ihre bloße Existenz die künstliche (soziale) Tatsache, die Frauen als »natürliche Gruppe« konstituiert. Eine lesbische Gesellschaft[9] legt auf pragmatische Weise die Trennung von Männern, deren Objekt die Frauen waren, als politische offen und zeigt, dass wir ideologisch zu einer »natürlichen Gruppe« umgeformt worden sind. Für Frauen ist die Ideologie folgenschwer, da sowohl unsere Körper als auch unser Denken das Produkt dieser Manipulation sind. Wir wurden gezwungen, unsere Körper und unser Denken Zug um Zug mit der *Vorstellung* von Natur, die für uns geschaffen wurde, in Einklang zu bringen. Derart entstellt, wurde unser deformierter Körper zu dem, was sie »natürlich« nennen, wie es vor der Unterdrückung in Reinform existiert haben soll. Derart entstellt, dass die Unterdrückung uns letzten Endes selbst als Folge dieser »Natur« in uns erscheint (eine Natur, die nur eine *Vorstellung* ist). Was eine materialistische Analyse argumentativ leistet, setzt eine lesbische Gesellschaft praktisch um: Es gibt keine natürliche Gruppe der »Frauen« (wir Lesben sind der lebende Beweis dafür) und auch als Individuen stellen wir »Frau« in Frage, denn wie für Simone de Beauvoir ist »Frau« für uns nur ein Mythos. Sie sagte: »Man kommt nicht als Frau zur Welt, man wird es. Keine biologische, psychische oder ökonomische Bestimmung legt die Gestalt fest, die der weibliche Mensch in der Gesellschaft annimmt. Die gesamte Zivilisation bringt dieses als weiblich qualifizierte Zwischenprodukt zwischen dem Mann und dem Kastraten hervor.«[10]

Dennoch glaubt der Großteil der Feministinnen und lesbischen Feministinnen in den USA und anderswo nach wie vor, dass die Grundlage der Unterdrückung von Frauen *sowohl biologisch als auch historisch bedingt ist*. Manche von ihnen behaupten sogar, ihre Belege dafür bei Simone de Beauvoir zu finden.[11] Der Glaube an das Mutterrecht und eine «Vorgeschichte», in der Frauen die Zivilisation schufen (aufgrund einer biologischen Prädisposition), während die groben und brutalen Männer auf die Jagd gingen (aufgrund einer biologischen Prädisposition), ist mit der bisherigen von der Klasse der Männer geschaffenen biologisierenden Geschichtsinterpretation symmetrisch. Es ist immer noch die gleiche Herangehensweise, da versucht wird, eine biologische Erklärung außerhalb der sozialen Tatsachen für die Unterscheidung von Frauen und Männern zu finden. Dies könnte für mich niemals ein lesbischer Ansatz gegen die Unterdrückung der Frauen sein, da sie Heterosexualität als Grundlage oder Ursprung der Gesellschaft voraussetzt. Das Matriarchat ist nicht weniger heterosexuell als das Patriarchat: Nur das Geschlecht des Unterdrückers ändert sich. Zudem bleibt diese Auffassung nicht nur der Geschlechtskategorie (Frauen und Männer) verhaftet, sondern hält auch an der Vorstellung fest, dass die Gebärfähigkeit (Biologie) eine Frau definiere. Obwohl praktische Aspekte und Lebensweisen in der lesbischen Gesellschaft dieser Theorie widersprechen, gibt es Lesben, die bekräftigen, dass »Frauen und Männer verschiedene Gattungen oder *races* sind (die Begriffe werden synonym verwendet): Männer sind Frauen biologisch unterlegen; männliche Gewalt ist eine biologische Zwangsläufigkeit.«[12]

Indem wir dies tun, indem wir zugestehen, dass es eine »natürliche« Geschlechtertrennung gibt, naturalisieren wir die Geschichte; wir setzen voraus, dass »Männer« und »Frauen« immer schon existiert haben und immer existieren werden. Wir naturalisieren nicht nur die Geschichte, sondern wir naturalisieren infolgedessen auch die sozialen Phänomene, die unsere Unterdrückung zum Ausdruck bringen, sodass jede Veränderung verhindert wird. Wir betrachten das Gebären beispielsweise nicht als erzwungene Produktion, sondern als »natürlichen«, »biologischen« Prozess, wobei wir vergessen, dass in unseren Gesellschaften Geburten geplant werden (Demographie), und wir selbst darauf programmiert sind, Kinder zu produzieren, obwohl dies die einzige soziale Aktivität »abgesehen von Kriegen«[13] ist, die ein derart hohes Sterberisiko mit sich bringt. Solange wir also »unfähig sind, eine lebenslange und jahrhundertealte Verpflichtung des Gebärens als *den* weiblichen schöpferischen Akt willentlich oder spontan aufzugeben«,[14] wird die Erlangung der Kontrolle über die Produktion von Kindern viel mehr bedeuten als die bloße Kontrolle über die materiellen Mittel dieser Produktion: Frauen werden sich von der ihnen auferlegten Definition »Frau« lösen müssen.

Eine materialistisch-feministisch Herangehensweise zeigt, dass das, was wir für den Grund oder Ursprung der Unterdrückung halten, tatsächlich nur die vom Unterdrücker aufgezwungene *Markierung*[15] ist: der »Mythos der Frau«[16] mitsamt seiner materiellen Auswirkungen und Erscheinungsformen im angeeigneten Bewusstsein und Körpern von Frauen. Somit geht diese Markierung der Unterdrückung zeitlich nicht voraus: Colette Guillaumin hat gezeigt, dass es vor der sozioökonomischen Realität der Sklaverei keinen Begriff von *race* gab, zumindest nicht in der modernen Bedeutung, wurde er doch für familiäre Abstammungslinien gebraucht. Jedenfalls wird *race* genau wie Geschlecht heute jedoch als etwas »unmittelbar Gegebenes«, »sinnlich erfahrbar Gegebenes« oder als »körperliches Merkmal« angesehen, das einer natürlichen Ordnung angehört. Doch ist das, was wir für eine physische und unmittelbare Wahrnehmung halten, nur eine raffinierte mythische Konstruktion, eine »imaginäre Formation«,[17] welche körperliche Merkmale (an sich ebenso neutral wie andere, aber vom Gesellschaftssystem markiert) durch das Netzwerk von Beziehungen, in dem sie wahrgenommen werden, neu interpretiert. (Sie werden als *schwarz* gelesen, daher *sind* sie schwarz; sie werden als *Frauen* gelesen, daher *sind* sie Frauen. Doch bevor sie so *gelesen* werden konnten, mussten sie erst dazu *gemacht* werden.) Lesben sollten nie vergessen und sich immer im Klaren darüber sein, wie »unnatürlich«, aufgezwungen, absolut unterdrückend und destruktiv es früher, bevor es die Frauenbewegung gab, für uns war, »Frau« zu sein. Es war ein politischer Zwang und jene, die sich ihm widersetzten, wurden beschuldigt, keine »echten« Frauen zu sein. Damals waren wir jedoch stolz auf diesen Vorwurf, da in ihm schon etwas wie das Vorzeichen eines Sieges mitschwang: Das Bekenntnis des Unterdrückers, dass »Frau« nicht etwas ist, dass sich von selbst versteht, denn um eine zu sein, muss man eine »echte« sein. Gleichzeitig wurde uns vorgeworfen, wie Männer sein zu wollen. Diese doppelte Anschuldigung wird heute wieder enthusiastisch im Kontext der Frauenbewegung von einigen Feministinnen aufgegriffen, und ebenso, leider, von Lesben, deren politisches Ziel scheinbar irgendwie darin besteht, immer »femininer« zu werden. Sich zu weigern eine Frau zu sein, bedeutet allerdings nicht automatisch, ein Mann werden zu müssen. Davon mal ganz abgesehen: nehmen wir als Paradebeispiel die perfekte »Butch«, die den größten Abscheu hervorruft und die Proust Mannweib genannt hätte: – inwiefern unterscheidet sich ihre Entfremdung von der eines Mannes, der eine Frau werden will? Tweedledum und Tweedledee. Ein Mann werden zu wollen, heißt für eine Frau zumindest, dass sie ihrer ursprünglichen Programmierung entgangen ist. Doch auch wenn sie es noch so sehr wollte, kann sie kein Mann werden. Denn ein Mann zu werden, würde von einer Frau nicht nur abverlangen, sein äußeres Erscheinungsbild anzunehmen, sondern auch sein Bewusstsein, das Bewusstsein einer Person also, die im Laufe ihres Lebens rechtlich über mindestens zwei »natürliche« Sklavinnen verfügt. Das aber ist unmöglich, und zeigt sich in einer Besonderheit der Unterdrückung von Lesben, die genau darin besteht, uns den Zugang zu Frauen zu verweigern, da Frauen ja den Männern gehören. Eine Lesbe *muss* folglich etwas anderes sein, eine Nicht-Frau, ein Nicht-Mann, ein Produkt der Gesellschaft, nicht der Natur, denn in der Gesellschaft gibt es keine Natur.

Sich zu weigern, heterosexuell zu werden (oder zu bleiben), bedeutete auch immer, sich zu weigern, ein Mann oder eine Frau zu werden, ob bewusst oder nicht. Für eine Lesbe heißt das weit mehr als sich nur der *Rolle* »Frau« zu verweigern. Es heißt, sich der ökonomischen, ideologischen und politischen Macht des Mannes zu verweigern. Das wussten wir Lesben und ebenso alle Nicht-Lesben auch schon vor Beginn der lesbischen und feministischen Bewegung. Allerdings, Andrea Dworkin sagt das klipp und klar, haben viele Lesben in der letzten Zeit »zunehmend versucht, genau die Ideologie, die uns versklavt hat, in eine dynamische, religiös anmutende, psychologisch überzeugende Huldigung des weiblichen biologischen Potenzials zu verwandeln.«[18]

So führen uns einige Wege der feministischen und lesbischen Bewegung geradewegs zu dem von Männern speziell für uns geschaffenen Mythos der Frau zurück, was dem Rückfall auf den Status einer natürlichen Gruppe gleichkommt. Nachdem wir uns für eine geschlechtslose Gesellschaft eingesetzt haben,[19] finden wir uns heute in der vertrauten Sackgasse des »Frausein ist wundervoll« gefangen. Simone de Beauvoir hat besonders das falsche Bewusstsein betont, dass darin besteht, aus den Merkmalen des Mythos (dass Frauen anders als Männer seien) jene auszuwählen, die gut aussehen und sie als Definition für Frauen zu verwenden. Das Prinzip »Frausein ist wundervoll« bewirkt, dass wir die besten Merkmale (wer entscheidet, welche die besten sind?), die die Unterdrückung uns zugestanden hat, zur Definition von Frauen beibehalten, und nicht vielmehr die Kategorien »Mann« und »Frau«, die politische Kategorien und keine natürlich gegebenen sind, von Grund auf hinterfragen. Das versetzt uns in eine Position, in der wir als Klasse der »Frauen« nicht wie die anderen Klassen für das Verschwinden unserer Klasse kämpfen, sondern für die Verteidigung der »Frauen« und ihre Affirmation. Es führt dazu, dass wir selbstgefällig »neue« Theorien über unsere Spezifität entwickeln: So nennen wir unsere Passivität »Gewaltlosigkeit«, wenn doch der zentrale und emergente Punkt darin besteht, unsere Passivität zu bekämpfen (unsere durchaus berechtigte Angst). In der Ambiguität des Begriffs »Feministin« spiegelt sich die ganze Situation. Was heißt »Feministin«? Feministin wird mit dem lateinischen Wort für »Frau«, »femina« gebildet und bedeutet: Jemand, der für Frauen kämpft. Für viele von uns bedeutet es, dass jemand für Frauen als Klasse kämpft mit dem Ziel, dass diese Klasse verschwindet. Für viele andere bedeutet es, für die Frau und ihren Schutz zu kämpfen – für einen Mythos und dessen Aufrechterhaltung also. Warum entschied man sich aber für das Wort »Feministin«, wenn es auch nur die geringste Ambiguität aufweist? Als wir uns vor zehn Jahren dafür entschieden, uns »Feministinnen« zu nennen, geschah das weder um den Mythos von der Frau zu protegieren oder zu bestärken noch um uns mit der Definition des Unterdrückers für uns zu identifizieren, sondern um die historische Dimension unserer Bewegung zu bekräftigen und die politische Verbindung mit der alten feministischen Bewegung hervorzuheben.

Wir können also die Bewegung in Frage stellen, da sie dem Feminismus diese Bedeutung gab. So gelang es dem Feminismus im letzten Jahrhundert nie, seine Widersprüche bezüglich Natur und Kultur, Frau und Gesellschaft aufzulösen. Frauen begannen als Gruppe für sich zu kämpfen und erkannten zu Recht, dass sie gemeinsame Merkmale als Resultat der Unterdrückung aufwiesen. Für sie waren diese Merkmale jedoch eher natürlich und biologisch bedingt als sozial. Sie gingen so weit, die Darwin'sche Evolutionstheorie zu übernehmen. Dennoch glaubten sie nicht wie Darwin »dass Frauen weniger entwickelt seien als Männer. Sie nahmen jedoch an, dass sich die männliche und die weibliche Natur im Laufe der Evolution auseinanderentwickelt hatten und die Gesellschaft diese Polarisierung im Großen und Ganzen widerspiegelte.«[20] »Der frühe Feminismus scheiterte daran, dass er lediglich die darwinistische These von der weiblichen Unterlegenheit angriff, während das Fundament dieser These – die Ansicht, Frauen seien ›einzigartig‹ –, akzeptiert wurde.«[21] Schlussendlich waren es dann Wissenschaftlerinnen – und nicht Feministinnen – die diese Theorie wissenschaftlich widerlegten. Der frühe Feminismus hatte es jedoch versäumt, Geschichte als einen dynamischen Prozess zu begreifen, der aus Interessenkonflikten hervorgeht. Außerdem teilten die Feministinnen die Annahme der Männer, dass der Grund (Ursprung) ihrer Unterdrückung bei ihnen selbst läge. Daher fanden sich die Feministinnen der ersten Stunde nach einigen erstaunlichen Siegen in einer Pattsituation wieder, denn ihnen gingen die Gründe zum Kampf aus. Sie hielten an dem unlogischen Prinzip der »Gleichheit in der Differenz« fest, einer Vorstellung, die heute wieder an

Popularität gewinnt. Sie tappten in die alte Falle, die uns erneut bedroht: Der Mythos von der Frau.

Historisch gesehen fällt somit uns und nur uns allein die Aufgabe zu, das, was wir Unterdrückung nennen, in materialistischen Begriffen zu beschreiben, um zu verdeutlichen, dass Frauen eine Klasse sind und die Kategorie »Frau« ebenso wie die Kategorie »Mann« politische und ökonomische Kategorien sind, nicht unvergängliche. Unser Kampf zielt darauf ab, Männer als Klasse zu verdrängen, nicht durch Genozid, sondern durch den politischen Kampf. Mit der Klasse »Männer« verschwindet zugleich auch die Klasse »Frauen«, da es ohne Herren keine Knechte gibt. Scheinbar besteht unsere erste Aufgabe darin, »Frauen« (die Klasse, innerhalb derer wir kämpfen) immer wieder sorgfältig vom Mythos »Frau« zu trennen. Denn »Frau« gibt es für uns nicht: das ist nur ein imaginäres Gebilde, während »Frauen« das Produkt einer sozialen Beziehung sind. Wir spürten das allzu deutlich, als wir uns überall weigerten, als »Befreiungsbewegung *für die Frau*« bezeichnet zu werden. Es gilt, den Mythos »Frau« in uns und außerhalb von uns zerstören. »Frau« ist keine Bezeichnung für jede von uns, sondern eine politische und ideologische Formation, die »Frauen« (das Produkt einer Ausbeutungsbeziehung) negiert. »Frau« ist dazu da, um uns zu verwirren und die Realität »Frauen« zu verdecken. Damit wir ein Klassenbewusstsein schaffen und zur Klasse werden können, müssen wir zuerst den Mythos der »Frau« einschließlich seiner verführerischen Seiten zerstören (ich denke dabei an Virginia Woolf, die sagte, die wichtigste Aufgabe einer Schriftstellerin sei es, »den Engel im Haus« zu töten). Um eine Klasse zu bilden, müssen wir jedoch nicht unser individuelles Selbst unterdrücken; da kein Individuum auf seine Unterdrückung reduziert werden kann, müssen wir uns auch der historischen Notwendigkeit stellen, uns als individuelle Subjekte unserer eigenen Geschichte zu konstituieren. Ich glaube, dass dies der Grund dafür ist, dass all die Versuche die Frau »neu« zu definieren, nun Blüte tragen: Auf dem Spiel steht (natürlich nicht nur für Frauen) eine Definition des Individuellen ebenso wie eine der Klasse. Denn wenn die Unterdrückung einmal erkannt worden ist, muss man wissen und erfahren, dass es möglich ist, sich als Subjekt (im Gegensatz zum Objekt der Unterdrückung) zu konstituieren, dass man trotz der Unterdrückung *jemand* werden kann, dass man eine eigene Identität hat. Für jemanden, der seiner Identität beraubt wurde, ist kein Kampf möglich, da er keine intrinsische Motivation zum Kämpfen besitzt, denn, obwohl ich nur gemeinsam mit anderen kämpfen kann, kämpfe ich zuerst für mich selbst.

Historisch gesehen ist die Frage nach dem individuellen Subjekt für jeden schwierig. Der Marxismus als letzte Verkörperung des Materialismus, der Wissenschaft, die uns politisch geformt hat, will nichts von einem »Subjekt« wissen. Der Marxismus hat das transzendentale Subjekt, das Subjekt als Konstituens des Wissens, des »reinen« Bewusstseins zurückgewiesen. Alles, was vor jeglicher Erfahrung per se denkt, ist in der Mülltonne der Geschichte gelandet, da es beanspruchte, außerhalb des Materiellen, vor allem Materiellen zu existieren und dafür Gott, Geist oder Seele benötigte. »Idealismus« nennt sich das. Was die Individuen betrifft, so sind sie einzig das Produkt sozialer Beziehungen, daher kann ihr Bewusstsein nur »entfremdet« sein. (Marx sagt in *Die deutsche Ideologie* explizit, dass die Individuen der herrschenden Klasse ebenfalls entfremdet seien, obwohl sie unmittelbare Produzenten jener Vorstellungen sind, die die von ihnen unterdrückten Klassen entfremden. Da sie jedoch offensichtliche Vorteile aus ihrer Entfremdung ziehen, können sie sie ertragen, ohne allzu sehr darunter zu leiden.) Zwar gibt es so etwas wie ein Klassenbewusstsein, jedoch nicht in Bezug auf ein bestimmtes Subjekt, sondern nur als Teil der allgemeinen Ausbeutungsbedingungen, gemeinsam mit den anderen Subjekten dieser Klasse, die alle dasselbe Bewusstsein teilen. Die praktischen Klassenprobleme abseits der traditionellen (sexuelle Probleme zum Beispiel) wurden als »bürgerliche« Probleme bezeichnet, die mit dem endgültigen Sieg im Klassenkampf verschwinden würden. Personen, deren Probleme sich nicht auf den »Klassenkampf« reduzieren ließen, wurden Labels wie »individualistisch«, »subjektivistisch« und »kleinbürgerlich« angeheftet.

Der Marxismus hat den Angehörigen der unterdrückten Klassen somit die Eigenschaft, ein Subjekt zu sein, verwehrt. Aufgrund der ideologischen und politischen Macht, die diese »revolutionäre Wissenschaft« unmittelbar auf die Arbeiterbewegung und alle anderen politischen Gruppierungen ausübte, hat sie die unterschiedlichsten unterdrückten Völker daran gehindert, sich historisch als Subjekte (Subjekte ihres Kampfes beispielsweise) zu konstituieren. Die »Massen« kämpften daher nicht für sich selbst, sondern für *die* Partei oder ihre Organisationen. Und wenn sich dann eine ökonomische Transformation ereignete (Abschaffung des Privateigentums, Gründung des sozialistischen Staates), blieb die revolutionäre Veränderung innerhalb der neuen Gesellschaft aus, da die Leute selbst sich nicht änderten.

Für Frauen hatte der Marxismus zwei Konsequenzen: Er hinderte sie über eine lange Zeit daran, sich bewusst zu werden, eine Klasse zu sein, und sich als Klasse zu konstituierten, indem er das Verhältnis »Frauen/Männer« aus der sozialen Ordnung ausschloss und es in eine natürliche Beziehung umwandelte – für Marxisten zweifellos neben der Beziehung von Müttern zu ihren Kindern das einzige Verhältnis, das so gesehen wird – und indem er den Klassenkonflikt zwischen Männern und Frauen hinter einer natürlichen Arbeitsteilung versteckte (siehe *Die deutsche Ideologie*). So viel zur Theorie (Ideologie). In der Praxis haben Lenin, *die* Partei, alle kommunistischen Parteien bis heute, inklusive aller super-radikalen politischen Gruppierungen, auf jeden Versuch seitens der Frauen, ihre eigene Klassenproblematik zum Ausgangspunkt von Reflexion und Solidarisierung zu machen, stets mit dem Vorwurf der Spaltung reagiert: Indem wir uns zusammenschließen, spalten wir Frauen die Kraft des Volkes. Für die Marxisten *gehören* Frauen somit entweder zur bürgerlichen oder zur proletarischen Klasse, anders gesagt, den Männern dieser Klassen. Außerdem erlaubte es die marxistische Theorie Frauen genauso wenig wie anderen Klassen unterdrückter Menschen, sich als historische Subjekte zu konstituieren, da der Marxismus die Tatsache ausblendet, dass eine Klasse auch aus einzelnen Individuen besteht. Klassenbewusstsein allein ist nicht genug. Wir müssen versuchen, die Begriffe »Subjekt« und »Klassenbewusstsein« philosophisch (politisch) zu verstehen und zugleich ihre Funktionsweise in Bezug auf unsere Geschichte begreifen. Wenn wir feststellen, dass Frauen das Objekt von Unterdrückung und Aneignung sind, werden wir in dem Moment, da wir zu dieser Wahrnehmung fähig sind, durch ein Verfahren der Abstraktion zu Subjekten im Sinne kognitiver Subjekte. Das Bewusstsein der Unterdrückung ist nicht nur eine Reaktion auf (ein Kampf gegen) die Unterdrückung. Es schließt auch die gesamte konzeptuelle Neubewertung der sozialen Welt, ihre gesamte Reorganisation mit neuen Begrifflichkeiten vom Standpunkt der Unterdrückung aus, ein. Ich würde es die Wissenschaft der Unterdrückung nennen, geschaffen von den Unterdrückten. Jede von uns muss die Realität verstehen: Nennen wir es eine subjektive, kognitive Übung. Die Bewegung hin und her zwischen den Ebenen der Realität (die konzeptuelle und die materielle Realität der Unterdrückung, die beide soziale Realitäten sind) wird durch die Sprache ermöglicht.

Historisch gesehen müssen wir uns der Aufgabe stellen, das individuelle Subjekt in materialistischen Begriffen zu definieren. Da Materialismus und Subjektivität einander immer ausgeschlossen haben, scheint dies auf den ersten Blick unmöglich. Daher müssen wir, anstatt daran zu verzweifeln, es niemals zu verstehen, anerkennen, wie *notwendig* es ist, eine Subjektivität zu erlangen, auch wenn sich so viele von uns dem Mythos »Frau« hingeben (der Mythos der Frau ist nur eine Schlinge, die uns gefangen hält). Diese reale Notwendigkeit für jede, sowohl als Individuum als auch als Angehörige einer Klasse zu existieren, ist vielleicht die erste Bedingung für eine Revolution, ohne die kein wirklicher Kampf oder Wandel möglich ist. Doch auch das Gegenteil trifft zu; ohne Klasse und Klassenbewusstsein gibt es keine wirklichen Subjekte, nur entfremdete Individuen. Die Frage nach dem individuellen Subjekt in materialistischen Begriffen zu beantworten, bedeutet für Frauen zunächst, zu zeigen, wie Lesben und Feministinnen es vor ihnen taten, dass vermeintlich »subjektive«, »individuelle«, »private« Probleme tatsächlich soziale Probleme, Klassenprobleme sind; dass Sexualität für Frauen kein individueller und subjektiver Ausdruck ist, sondern eine soziale Institution der Gewalt. Wenn wir jedoch erst einmal gezeigt haben, dass die sogenannten persönlichen Probleme tatsächlich Klassenprobleme sind, bleibt immer noch die Frage nach dem Subjekt jeder einzelnen Frau – nicht dem Mythos, sondern einer jeden von uns. An dieser Stelle sei gesagt, dass eine neue persönliche und subjektive Definition für die ganze Menschheit nur jenseits der Geschlechterkategorien (Frau und Mann) zu finden ist, und dass der Beginn des individuellen Subjekts zunächst erfordert, dass wir die Geschlechtskategorien zerstören, ihren Gebrauch einstellen und alle auf diesen Kategorien basierenden Wissenschaften zurückweisen (praktisch alle Sozialwissenschaften).

»Frau« zu zerstören, ohne sie körperlich zu versehren, bedeutet nicht, den Lesbianismus gleichzeitig mit den Geschlechterkategorien zu zerstören, denn momentan ist der Lesbianismus die einzige Gesellschaftsform, in der wir frei leben können. Lesbischsein ist das einzige mir bekannte Konzept, dass über die Geschlechterkategorien (Frau und Mann) hinausgeht, denn das bezeichnete Subjekt (Lesbe) ist *keine* Frau, weder ökonomisch noch politisch oder ideologisch. Es ist nämlich eine spezifische soziale Beziehung zu einem Mann, die die Frau ausmacht; eine Beziehung, die wir zuvor als Knechtschaft[22] bezeichnet haben und die sowohl eine persönliche und physische als auch ökonomische Verpflichtung beinhaltet (»Zwangsaufenthalt«[23], häusliche und eheliche Pflichten, unbeschränkte Produktion von Kindern, usw.), eine Beziehung, aus der Lesben entfliehen, indem sie sich weigern, heterosexuell zu werden oder zu bleiben. Wir sind Geflüchtete unserer Klasse wie die entflohenen amerikanischen Versklavten, als sie der Sklaverei entflohen und frei wurden. Das ist eine absolute Notwendigkeit für uns. Unser Überleben hängt davon ab, dass wir uns mit aller Kraft für die Zerstörung der Klasse von Frauen einsetzen, in der Männer sich Frauen aneignen. Dies können wir nur erreichen, indem wir Heterosexualität – ein System, dass auf der Unterdrückung von Frauen durch Männer gründet und dass, um diese Unterdrückung zu rechtfertigen, die Doktrin der Geschlechterdifferenz produziert – als soziales System zerstören.

Das straighte Denken

1980

In Paris hat das Phänomen der Sprache in den letzten Jahren die zeitgenössische Theorie und die Sozialwissenschaften beherrscht und die politischen Diskussionen der Frauen- und Lesbenbewegung beeinflusst. Das lässt sich darauf zurückführen, dass es sich auf ein wichtiges politisches Feld bezieht, in dem es um Macht oder vielmehr ein Netzwerk von Machtbeziehungen geht, da eine Vielzahl von Sprachen ständig auf die soziale Realität einwirkt. Die Bedeutung der Sprache als solcher für den Einsatz in der Politik ist erst seit Kurzem wahrgenommen worden.[24] Doch die rasante Entwicklung der Linguistik, die Vervielfachung linguistischer Schulen, das Aufkommen der Kommunikationswissenschaft, und der fachspezifische Charakter der Metasprachen dieser Wissenschaften sind Symptome, die anzeigen, wie wichtig das ist, was politisch auf dem Spiel steht. Die Sprachwissenschaft hat andere Wissenschaften durchdrungen, wie die Anthropologie mit Lévi-Strauss, die Psychoanalyse mit Lacan, und all die Disziplinen, die sich auf der Grundlage des Strukturalismus entwickelt haben.

Der frühen Semiologie von Roland Barthes ist es fast gelungen, der Vorherrschaft der Linguistik zu entkommen, um stattdessen eine politische Analyse unterschiedlicher Zeichensysteme zu leisten und so die Verbindung zwischen verschiedenen Zeichensystemen – den Mythen der kleinbürgerlichen Klasse beispielsweise – und dem Klassenkampf im Kapitalismus aufzuzeigen, den das System zu verdecken neigt. Dass politische Semiologie eine Waffe (eine Methode) ist, die wir zur Analyse dessen, was wir Ideologie nennen, benötigen, hätte uns beinahe gerettet. Das Wunder hielt jedoch nicht lange an. Anstatt fachfremde Begriffe in die Semiologie einzuführen – in diesem Fall marxistische Begriffe – erklärte Barthes schon bald, Semiologie sei nur ein Zweig der Sprachwissenschaft und Sprache ihr einziger Gegenstand.

Demnach ist die ganze Welt nur ein großes Register, in das sich die unterschiedlichsten Sprachen einschreiben, wie die Sprache des Unbewussten*[25], die Sprache der Mode und die Sprache des Austauschs von Frauen, in dem menschliche Wesen buchstäblich die Zeichen sind, die zum Kommunizieren genutzt werden. Diese Sprachen oder, genauer gesagt, diese Diskurse greifen ineinander, durchdringen sich, stützen sich, verstärken sich gegenseitig, bringen sich und einander hervor. Die Linguistik bringt die Semiologie und die strukturale Linguistik hervor, die strukturale Linguistik erzeugt den Strukturalismus, der wiederum die Struktur des Unbewussten* hervorbringt. Dieses Ensemble unterschiedlicher Diskurse erzeugt auf Seiten der Unterdrückten ein verwirrendes Rauschen, so dass sie den materiellen Grund ihrer Unterdrückung aus dem Auge verlieren und in eine Art ahistorisches Vakuum stürzen.

Die Diskurse produzieren eine wissenschaftliche Lesart der sozialen Realität, in der menschliche Wesen als Invarianten dargestellt werden, unberührt von Geschichte, unbeeinträchtigt von Klassenkämpfen, von identischer psychischer Prägung, da genetisch programmiert. Diese gleichermaßen von der Geschichte unberührte und von Klassenkämpfen unbeeinträchtigte Psyche beschert den Experten seit Anfang des 20. Jahrhunderts ein ganzes Arsenal von Invarianten: die Sprache des Symbolischen, die praktischerweise mit nur wenigen Elementen auskommt, denn wie Ziffern (0-9) sind die von der Psyche »unbewusst« produzierten Symbole nicht sehr zahlreich. Daher können sie dem kollektiven und individuellen Unbewussten vermittels Therapie und Theoretisierung problemlos auferlegt werden. Uns wird gelehrt, dass sich das Unbewusste* äußerst geschmackvoll über Metaphern strukturiert, wie zum Beispiel den Namen-des-Vaters, den Ödipuskomplex, die Kastration, den Mord-am-oder-Tod-des-Vaters, den Frauentausch usw. Das Unbewusste* mag leicht zu kontrollieren sein, jedoch keinesfalls von jeder beliebigen Person. Das Erscheinen von Symbolen in der Psyche bedarf, ähnlich wie mystische Offenbarungen, multipler Deutungen. Nur Experten sind in der Lage, das Unbewusste* zu dechiffrieren. Nur Psychoanalytikern ist es vorbehalten (sind sie autorisiert?), psychische Manifestationen so herzurichten und auszulegen, dass sie das Symbol in seiner vollen Bedeutung zum Vorschein bringen. Während die Sprache des Symbolischen äußerst arm und wesentlich lückenhaft ist, entwickeln sich die Sprachen oder Metasprachen, die sie interpretieren, jede einzelne von ihnen, derart überbordend und ostentativ, dass sich nur die theologische Exegese der Bibel damit messen kann.

Wer gab den Psychoanalytikern ihr Wissen? Für Lacan zum Beispiel »lehren« ihn der »psychoanalytische Diskurs« oder die »analytische Erfahrung«, was er bereits weiß. Und zugleich lehrte der eine ihn, was die andere ihn schon lehrte. Lässt sich jedoch bestreiten, dass Lacan durch die »analytische Erfahrung« (eine Art Experiment) die wissenschaftliche Entdeckung der Strukturen des Unbewussten* gelang? Werden wir gewissenlos genug sein, um die Worte der Analysanden, die auf der Couch des Analytikers liegen, zu missachten? Ich bezweifle keineswegs, dass Lacan im Unbewussten jene Strukturen fand, von denen er behauptete, sie gefunden zu haben; schließlich hatte er sie zuvor eigens dort platziert. Personen, die nie der Macht der psychoanalytischen Institution in die Hände fielen, mögen in Anbetracht des Ausmaßes der Unterdrückung (der Manipulation), das sich im psychoanalytischen Diskurs ausdrückt, die Erfahrung eines unermesslichen Traurigkeitsgefühls machen. In der analytischen Erfahrung gibt es eine unterdrückte Person, die Analysandin oder den Analysanden, deren Bedürfnis nach Kommunikation ausgebeutet wird und die (in derselben Weise wie Hexen unter Folter nur die Sprache, die die Inquisitoren hören wollten, wiederholen konnten) keine andere Wahl hat (wenn sie den impliziten Vertrag, der ihr zu kommunizieren erlaubt, und auf den sie angewiesen ist, nicht brechen will), als zu versuchen, das zu artikulieren, was von ihr verlangt wird. Es heißt, dies könne ein Leben lang dauern – welch ein grausamer Vertrag, der ein menschliches Wesen dazu nötigt, sein Leid einem Unterdrücker darzulegen, der unmittelbar dafür verantwortlich ist, der es ökonomisch, politisch und ideologisch ausbeutet, und dessen Interpretation dieses Leid auf ein paar Sprachfiguren reduziert.

Doch lässt sich das Bedürfnis nach Kommunikation, dass diesem Vertrag innewohnt, nur in einem psychoanalytischen Setting befriedigen, indem man geheilt oder ein Teil eines »Experiments« wird? Wenn wir aktuellen Zeugnissen[26] von Lesben, Feministinnen und homosexuellen Männern Glauben schenken, dann ist das nicht der Fall. Alle ihre Aussagen betonen die politische Bedeutung der Tatsache, dass es für Lesben, Feministinnen und schwule Männer in der heterosexuellen Gesellschaft unmöglich ist – außer mit Psychoanalytikern – zu kommunizieren. Wenn der allgemeine Stand der Dinge aber erstmal verstanden wurde (man ist nicht krank oder muss geheilt werden, sondern hat einen Feind), dann kündigt die unterdrückte Person den psychoanalytischen Vertrag auf. Genau das wird in diesen Zeugnissen klar, zusammen mit der Erkenntnis, dass der psychoanalytische Vertrag nicht auf Konsens basierte, sondern erzwungen war.

Die Diskurse, die uns Lesben, Frauen und homosexuelle Männer besonders unterdrücken, sind jene, die es als selbstverständlich erachten, dass Gesellschaft, jede Gesellschaft, auf Heterosexualität[27] gründet. Diese Diskurse sprechen über uns, und behaupten in einem unpolitischen Feld die Wahrheit zu sagen – als ob irgendetwas Bedeutsames dem Politischen in diesem Moment der Geschichte entgehen könnte oder politisch unbedeutende Zeichen für uns existieren würden. Diese heterosexuellen Diskurse unterdrücken uns, indem sie uns daran hindern, zu sprechen, es sei denn, wir sprechen in ihren Worten. Alles, was sie in Frage stellt, wird augenblicklich als primitiv gebrandmarkt. Dass wir die totalitäre Interpretation der Psychoanalyse zurückweisen, veranlasst die Theoretiker zu behaupten, wir vernachlässigten die symbolische Dimension. Diese Diskurse verweigern uns jede Möglichkeit unsere eigenen Kategorien zu bilden.

Am brutalsten ist allerdings die unerbittliche Tyrannei, die sie auf unser körperliches und geistiges Selbst ausüben.

Wenn wir den übergeneralisierenden Begriff »Ideologie« für die Gesamtheit der Diskurse der dominierenden Gruppe verwenden, dann verbannen wir diese Diskurse in den Bereich irrealer Vorstellungen; wir vergessen die materielle (physische) Gewalt, die sie den unterdrückten Menschen unmittelbar zufügt, eine Gewalt, die sowohl von abstrakten und »wissenschaftlichen« Diskursen als auch von den Massenmedien produziert wird. Ich möchte darauf insistieren, dass Individuen durch Diskurse materiell unterdrückt werden, und ihre unmittelbaren Wirkungen am Beispiel der Pornographie veranschaulichen.

Pornographische Bilder, Filme, Zeitschriftenfotos und Werbeplakate an den Mauern der Städte konstituieren einen Diskurs, einen Diskurs, der unsere Welt mit seinen Zeichen überzieht, einen Diskurs, der eine Bedeutung hat: Er besagt, dass Frauen beherrscht werden. Semiotiker können das System dieser Diskurse interpretieren und seine Disposition beschreiben. Sie lesen Zeichen aus diesem Diskurs heraus, deren Funktion darin besteht, nichts zu bedeuten, die keine andere *Raison d'être* haben, als Elemente eines bestimmten Systems oder einer Disposition zu sein. Für uns ist dieser Diskurs jedoch nicht vom Realen trennbar wie für die Semiotiker, da er sich unmittelbar auf die soziale Realität unserer (ökonomischen und politischen) Unterdrückung bezieht, und zudem als Teil der Unterdrückung selbst real ist und eine eindeutige Macht auf uns ausübt. Der pornographische Diskurs ist eine der Gewaltstrategien, die gegen uns angewandt werden: Er beschämt, er degradiert, er ist ein Verbrechen gegen unsere »Menschlichkeit«. Als Schikane fungiert er außerdem als Warnung. Er befiehlt uns, nicht aus der Reihe zu tanzen, und bringt die, die womöglich vergessen könnten, wer sie sind, auf Linie; er appelliert an die Angst. Wenn wir gegen die Pornographie aufbegehren, werfen uns dieselben zuvor erwähnten Semiotiker vor, die Diskurse mit der Realität zu verwechseln. Sie erkennen nicht, dass dieser Diskurs für uns real *ist*, dass er eine der Facetten der Realität unserer Unterdrückung ist. Ihrer Ansicht nach liegen wir mit unserer Analyse falsch.

Ich habe das Beispiel der Pornographie aufgegriffen, weil ihr Diskurs am symptomatischsten ist und die Gewalt, die uns und der Gesellschaft im Ganzen durch die Diskurse angetan wird, am besten veranschaulicht. Die Macht, mit der Wissenschaften und Theorien ganz konkret auf unsere Körper und unser Denken einwirken, ist keineswegs abstrakt, auch wenn der Diskurs, der sie produziert, selbst abstrakt ist. Sie ist eine der Erscheinungsformen der Herrschaft, ihre genaue Entsprechung. Oder vielmehr noch eine ihrer Gebrauchsformen, würde ich sagen. Alle Unterdrückten kennen diese Macht und mussten sich schon mit ihr auseinandersetzen. Die Macht sagt: Du hast nicht das Recht zu sprechen, dein Diskurs ist unwissenschaftlich und nicht theoretisch fundiert, deine analytische Kompetenz ist unzureichend, du verwechselst Diskurs mit Realität, dein Diskurs ist naiv, du hast diese oder jene Wissenschaft nicht verstanden.

Der Diskurs moderner Theoriesysteme und der Sozialwissenschaften übt deshalb einen massiven Einfluss auf uns aus, weil er mit Begrifflichkeiten arbeitet, die uns unmittelbar betreffen. Dem historischen Aufkommen der Lesben-, Frauen- und Schwulenbewegungen zum Trotz, deren Vorgehen die philosophischen und politischen Kategorien der sozialwissenschaftlichen Diskurse bereits umgestoßen (und somit rigoros in Frage gestellt) hatten, werden diese Kategorien von den modernen Wissenschaften dennoch unhinterfragt weiterverwendet. Sie funktionieren wie primitive Begriffe in einem Konglomerat aller möglichen Disziplinen, Theorien und zeitgenössischen Vorstellungen, das ich das straighte Denken nennen werde (angelehnt an *Das wilde Denken* von Claude Lévi-Strauss). Sie betreffen »Frauen«, »Männer«, »Geschlecht«, »Differenz«, und all die Begrifflichkeiten, die in diese Reihe gehören, einschließlich solcher Begriffe wie »Geschichte«, »Kultur«, und das »Reale«. Obwohl man sich in den letzten Jahren darauf geeinigt hat, dass es sowas wie Natur nicht gibt, dass alles Kultur ist, bleibt dennoch ein letzter Rest von Natur in dieser Kultur zurück, der sich der Hinterfragung entzieht, ein Verhältnis, das vom Sozialen in der Analyse ausgeschlossen wurde – ein Verhältnis, dessen wichtigstes Charakteristikum darin besteht, sowohl in der Kultur als auch in der Natur unhinterfragbar zu sein: die heterosexuelle Beziehung. Ich werde sie die obligatorische soziale Beziehung zwischen »Mann« und »Frau« nennen. (An dieser Stelle möchte ich auf Ti-Grace Atkinson und ihre Analyse des Geschlechtsverkehrs als Institution verweisen.[28]) Mit seiner Unhinterfragbarkeit als Wissen, als offenkundiges Prinzip, als ein aller Wissenschaft vorgängiges Gegebenes, entwickelt das straighte Denken eine totalisierende Interpretation von Geschichte, sozialer Realität, Kultur, Sprache und all den subjektiven Phänomenen in einem. Ich kann immer nur wieder den repressiven Charakter des straighten Denkens hervorheben, der sich in seinen Bestrebungen zeigt, die Begriffe, die es produziert, unmittelbar zu universellen Gesetzmäßigkeiten zu verallgemeinern, die den Anspruch erheben, für alle Gesellschaften, Epochen und Individuen zu gelten. Folglich spricht man von *dem* Austausch von Frauen, *der* Geschlechterdifferenz, *der* Ordnung des Symbolischen, *dem* Unbewussten, Begehren, *Jouissance*, Kultur und Geschichte und misst diesen Begriffen eine absolute Bedeutung zu, obschon sie nur Kategorien sind, die auf der Heterosexualität gründen, oder Überlegungen, die die Geschlechterdifferenz als politisches und philosophisches Dogma reproduzieren.

Aus dieser Universalisierungstendenz folgt, dass für das straighte Denken keine Kultur und Gesellschaft vorstellbar ist, in der die Heterosexualität nicht nur alle menschlichen Beziehungen, sondern auch ihre besonderen Begriffsbildungen und die Gesamtheit aller Vorgänge, die dem Bewusstsein nicht zugänglich sind, diktieren würde. Außerdem wirken diese unbewussten Vorgänge historisch gesehen immer unerbittlicher in Hinblick darauf, was sie uns über uns selbst vermittels der Experten lehren. Die Rhetorik, in der sie sich ausdrücken (und deren verführerische Kraft ich nicht unterschätze), hüllt sich selbst in Mythen, baut auf Rätsel, akkumuliert Metapher um Metapher, – alles, um die Verbindlichkeit des »Du-wirst-straight-sein-oder-nicht-sein« zu poetisieren.

Für dieses Denken ist es schlichtweg unmöglich, die Verpflichtung zum Koitus und die aus dieser Verpflichtung hervorgehenden, für die Konstituierung einer Gesellschaft wichtigen Institutionen, zurückzuweisen, da dies bedeuten würde, die Konstituierung des Anderen zu verunmöglichen, die »symbolische

Ordnung« zurückzuweisen und somit die Konstituierung von Bedeutung, ohne die niemand eine innere Kohärenz aufrechterhalten kann, zu verhindern. Daher können Lesbianismus, Homosexualität und die Gesellschaften, die wir bilden, nicht gedacht oder artikuliert werden, obwohl sie immer schon da waren. Daher hört das straighte Denken nicht auf, zu behaupten, der Inzest sei das zentrale Verbot, und nicht die Homosexualität. Daher setzt das straighte Denken Homosexualität mit Heterosexualität gleich.

Ja, die straighte Gesellschaft gründet in jeder Hinsicht auf der notwendigen Voraussetzung eines Differenten/Anderen. Ohne diese Vorstellung kann sie weder ökonomisch, symbolisch, linguistisch, noch politisch funktionieren. Die Notwendigkeit des Differenten/Anderen ist für das ganze Konglomerat von Wissenschaften und Disziplinen, das ich das straighte Denken nenne, von ontologischer Bedeutung. Doch was sollte das Differente/Andere anderes sein als das Unterdrückte? Die heterosexuelle Gesellschaft unterdrückt nicht nur Lesben und schwule Männer, sie unterdrückt viele Differente/Andere, sie unterdrückt alle Frauen und viele männliche Gruppierungen, nämlich all jene, die von anderen beherrscht werden. Differenz zu konstituieren und zu kontrollieren ist ein »Akt der Macht, da er grundsätzlich normativ ist. Jeder versucht den Anderen als different auszumachen. Nicht jedem gelingt dies allerdings. Man muss in einer gesellschaftlich dominanten Stellung sein, damit dies gelingt«.[29]

Der Begriff der Geschlechterdifferenz konstituiert beispielsweise Frauen ontologisch als Differente/Andere. Männer sind nicht different, Weiße auch nicht, und ebenso wenig Herren. Schwarze hingegen sind es, wie auch die Versklavten. Das ontologische

Charakteristikum der Geschlechterdifferenz beeinflusst all jene Begrifflichkeiten, die Teil desselben Konglomerats sind. Für uns gibt es so etwas wie Frau-Sein oder Mann-Sein aber nicht. »Mann« und »Frau« sind politische Begriffe, die in Opposition zueinander stehen, und die Kopula, die sie dialektisch eint, hebt sie gleichzeitig auf.[30] Der Klassenkampf zwischen Frauen und Männern wird Männer und Frauen aufheben.[31] Der Begriff der Differenz hat nichts Ontologisches an sich, sondern bezieht sich lediglich auf die Interpretation einer historischen Herrschaftskonstellation durch die Herren selbst. Die Funktion der Differenz besteht darin, die Interessenkonflikte auf jeder Ebene, einschließlich der ideologischen, zu kaschieren.

Für uns bedeutet das, mit anderen Worten, dass es keine Frauen und Männer mehr geben kann, und dass sie als Klassen und Denk- oder Sprachkategorien in politischer, ökonomischer und ideologischer Hinsicht verschwinden müssen. Wenn wir Lesben und schwule Männer uns weiterhin als Männer und Frauen bezeichnen und uns als solche begreifen, beteiligen wir uns maßgeblich an der Aufrechterhaltung der Heterosexualität. Ich bin mir sicher, dass eine ökonomische und politische Transformation diese Sprachkategorien nicht entdramatisieren wird. Können wir *Knecht* rehabilitieren? Können wir *N***r*[32] und *N***rin* rehabilitieren? Inwiefern unterscheidet sich *Frau* davon? Werden wir weiterhin *Weißer, Herr, Mann* schreiben? Die Transformation der ökonomischen Verhältnisse allein wird nicht ausreichen. Wir müssen eine politische Transformation der Schlüsselbegriffe herbeiführen, also jener Begriffe, die für uns strategisch nützlich sind. Denn es gibt eine andere materielle Ordnung – die der Sprache – in der die strategischen Begriffe von innen auf sie einwirken. Sie ist zudem eng mit dem politischen Feld verknüpft, in dem alles, was Sprache, Wissenschaft und das Denken betrifft, sich auf die Person als Subjekt und auf ihre/seine Beziehung zur Gesellschaft bezieht. Wir können die Sprache nicht einfach dem Machtbereich des straighten oder des vorherrschenden Denkens überlassen.

Wenn ich von all dem, was das straighte Denken produziert, besonders das Strukturelle Unbewusste* in Frage stelle, dann aus folgendem Grund: Genau in dem historischen Moment, in dem sich die Herrschaft den Beherrschten nicht mehr als logische Notwendigkeit verkaufen lässt, und sie sich zur Wehr setzen und die Unterschiede in Frage stellen, genau dann berufen sich Lévi-Strauss, Lacan und ihre Epigonen auf Notwendigkeiten, die sich der Kontrolle des Bewusstseins entziehen und damit der Verantwortung der Individuen.

Sie berufen sich zum Beispiel auf unbewusste Prozesse, nach denen der Frauentausch die Grundlage jeder Gesellschaftsform ausmacht. Ihnen zufolge teilt uns das Unbewusste dies autoritativ mit und die symbolische Ordnung, ohne die es keine Bedeutung, keine Sprache, keine Gesellschaft gibt, richtet sich danach. Doch was soll der Tausch von Frauen denn bedeuten, wenn nicht, dass sie beherrscht werden? Kein Wunder, dass es nur ein Unbewusstes* gibt, und dass es heterosexuell ist. Es ist ein Unbewusstes*, dass sich etwas zu bewusst nach den Interessen der Herren[33], in denen es lebt, richtet, damit man sie nicht so leicht ihrer Begrifflichkeiten enteignen kann. Herrschaft wird außerdem geleugnet; Frauen sind nicht versklavt, es gibt Unterschiede. Darauf will ich mit der Stellungnahme eines rumänischen Bauern bei einer öffentlichen Versammlung im Jahr 1848 antworten: »Warum behaupten die Herren, es sei keine Knechtschaft gewesen, wo wir doch wissen, dass es Knechtschaft war, dies Leid, das wir erlitten haben.«

Ja, wir wissen es, und diese Wissenschaft von der Unterdrückung kann uns niemand nehmen.

Ausgehend von dieser Wissenschaft müssen wir das »Es-versteht-sich-von-selbst«-Heterosexuelle aufspüren und uns dagegen wehren (ich beziehe mich auf den frühen Roland Barthes), dass »ständig Natur und Geschichte miteinander vertauscht werden«.[34] Wir müssen schonungslos offenlegen, dass die Psychoanalyse nach Freud und insbesondere nach Lacan ihre Begriffe rigide in Mythen verwandelt hat: Differenz, Begierde, der Name-des-Vaters, usw. Man hat die Mythen sogar »über-mythisiert«, was notwendig war, um die Dimension des Persönlichen, die plötzlich von den unterdrückten Individuen, vor allem den Frauen, die ihren Kampf fast zwei Jahrhunderte vorher aufgenommen hatten, im historischen Feld zum Vorschein gebracht wurde, systematisch zu heterosexualisieren. Dies geschah planvoll, in einem interdisziplinären Zusammenspiel, das nie harmonischer war, seit die heterosexuellen Mythen begonnen hatten, sich mühelos von einem formalen System zum anderen zu verbreiten, wie sichere Wertanlangen, in die man sowohl in der Anthropologie als auch in der Psychoanalyse und allen Sozialwissenschaften investieren konnte.

Das Ensemble heterosexueller Mythen ist ein Zeichensystem, dass Sprachfiguren nutzt und daher politisch aus unserer Unterdrückungswissenschaft heraus untersucht werden kann; »wo-wirdoch-wissen,-dass-es-Knechtschaft-war« erzeugt die Dynamik, die den historischen Diachronismus gegen den verbohrten Diskurs von den ewigen Essenzen in Stellung bringt. Diese Unternehmung müsste eine Art politische Semiologie sein, obwohl wir mit dem »Leid, das wir erlitten haben« auch auf der Ebene von Sprache/Manifest, Sprache/Handlung arbeiten, also dem, was Veränderung bewirkt und Geschichte schreibt.

In den Systemen, die so ewig und universal erschienen, dass Gesetze aus ihnen extrahiert werden konnten – Gesetze, mit denen sich Computer, und, jedenfalls für den Augenblick, die Maschinerie des Unbewussten füttern ließen – werden inzwischen dank unserer Aktionen und unserer Sprache Veränderungen sichtbar. Eine Theorie wie beispielsweise die vom Frauentausch wirft die Geschichte so gewaltsam und brutal zurück, dass das gesamte System, das als formal galt, in eine andere Wissensdimension kippt. Diese Dimension der Geschichte gehört uns, denn irgendwie sind wir dazu ausersehen worden; da wir ja, wie Lévi-Strauss sagte, sprechen, lasst uns aussprechen, dass wir den heterosexuellen Vertrag aufkündigen.

Das ist es also, was Lesben überall in diesem Land und in einigen anderen aussprechen, wenn nicht mit Theorien, so doch zumindest durch ihre soziale Praxis, deren Auswirkungen auf die straighte Kultur und Gesellschaft noch unabsehbar sind. Ein Anthropologe sagt vielleicht, dass wir noch fünfzig Jahre warten müssen. Ja, wenn man die Funktionsweise dieser Gesellschaften universalisieren und deren Invarianten zum Vorschein bringen will. In der Zwischenzeit werden die straighten Begriffe untergraben. Was bedeutet Frau? Panik, allgemeine Alarmbereitschaft zur aktiven Verteidigung. Ehrlich gesagt ist das ein Problem, das Lesben nicht haben, da sie die Perspektive gewechselt haben, und es wäre falsch zu sagen, dass Lesben mit Frauen verkehren, mit ihnen Liebe machen und mit ihnen zusammenleben, denn »Frau« ist nur in heterosexuellen Denksystemen und heterosexuellen Wirtschaftsordnungen von Bedeutung. Lesben sind keine Frauen.

ÜBER DEN GESELLSCHAFTSVERTRAG

1989

Ich habe mir vorgenommen, den Begriff des Gesellschaftsvertrags als Konzept der politischen Philosophie auszuloten und neu zu bewerten, was keine leichte Aufgabe ist. Der Begriff entstammt dem siebzehnten und achtzehnten Jahrhundert und ist auch Titel eines Buches von Jean-Jacques Rousseau.[35] Welches schon Marx und Engels dafür kritisierten, den Klassenkampf zu ignorieren und somit auch für die Sache des Proletariats irrelevant zu sein. In der *Deutschen Ideologie* erklärten sie, die proletarische Klasse könne aufgrund ihres Verhältnisses zu Produktion und Arbeit der Gesellschaftsordnung nur als Gruppe, als ein Ganzes wirksam entgegentreten. Und sie habe keine andere Wahl, sie müsse den Staat zerstören. Ihrer Meinung nach könne der Begriff »Gesellschaftsvertrag«, der so etwas wie individuelle Wahl und freiwillige Vereinigung impliziert, höchstens auf Leibeigene angewandt werden. Diese hatten sich im Laufe mehrerer Jahrhunderte nach und nach selbst befreit, indem sie vom Grund und Boden, dem sie angehörten, einfach davonliefen. Und dann hatten sich die Leibeigenen, wieder nach und nach, in Städten zusammengefunden; daher auch die Bezeichnung *Bourgeois* (Menschen, die eine *bourg* gegründet haben)[36]. (Es scheint, als sei Rousseaus Vorstellung des Gesellschaftsvertrags in dem Moment, als er sie weiterentwickelt hatte als alle vor ihm, von der Geschichte überholt worden – dies aber nicht bevor die französische Nationalversammlung einige seiner Ideen unverändert übernommen hatte).

Ich bin immer davon ausgegangen, dass die Klasse der Frauen ähnlich strukturiert sei wie die Klasse der Leibeigenen. Und nun stelle ich fest, dass auch sie sich nur dann aus der heterosexuellen Ordnung lösen können, wenn sie nach und nach davonlaufen. Daher rührt mein Interesse an einer vorindustriellen Idee wie dem Gesellschaftsvertrag. Denn global betrachtet ist die Struktur unserer Klasse im Kern feudalistisch, weil sie in den gleichen Personen zugleich Produktions- und Ausbeutungsformen aufrechterhält, die sowohl kapitalistisch als auch vorkapitalistisch sind.[37]

Damit wäre der eine Aspekt meiner Untersuchung grob umrissen. Ein weiterer Aspekt hat mit Sprache zu tun. Denn für schreibende Menschen bietet sich Sprache als konkrete Materie an die sie ergreifen können. Die Sprache selbst ist für mich der erste, dauerhafte und absolute Gesellschaftsvertrag. Sie ist die grundlegendste Übereinkunft zwischen Menschen und eigentlich das, was sie sozial und menschlich macht. Die Geschichte des Turmbaus zu Babel ist ein perfektes Beispiel dafür, was passiert, wenn diese Übereinkunft zusammenbricht.

Da ich in meinen früheren Schriften mehrfach den Begriff »heterosexueller Vertrag«[38] verwendet habe, und gelegentlich auch vom »heterosexuellen Gesellschaftsvertrag« sprach, rückte das Nachdenken über die Idee des Gesellschaftsvertrags in den Fokus meiner Untersuchungen. Was macht diese Idee so attraktiv, obwohl die moderne Wissenschaft und Geschichtsschreibung sie scheinbar aufgegeben hat? Warum hallt sie hier und heute nach, so lange nach ihrem ursprünglichen Auftakt in der Aufklärung des achtzehnten Jahrhunderts? Warum habe ich stets so vehement dafür plädiert, den heterosexuellen Gesellschaftsvertrag aufzukündigen? Die allgemeine philosophische Frage des Gesellschaftsvertrags, der das gesamte menschliche Handeln, Denken und Beziehungen einschließt, bleibt präsent, solange »der Mensch«, in Rousseaus Worten, der »frei geboren« wurde, »überall in Ketten« liegt. Die Verheißung des Vertrages, zum Wohle aller und jeder Einzelnen eingerichtet zu sein, bleibt weiter Gegenstand philosophischer Untersuchungen, und da sie historisch unerfüllt blieb, ist ihre utopische Dimension ungebrochen. Wird das Thema so allgemein formuliert, richtet es sich auf die gesamte Menschheit. Wenn ich nun sage, wir sollten den heterosexuellen Vertrag auflösen, dann richte ich mich damit an die Gruppe der »Frauen«. Ich meine damit nicht, dass wir den Gesellschaftsvertrag per se auflösen sollten, denn das wäre ja absurd. Wir müssen ihn als heterosexuellen Vertrag auflösen. Indem ich mich hier auf eine philosophische Untersuchung dessen stütze, was ein gut eingerichteter Gesellschaftsvertrag für uns leisten könnte, möchte ich mich mit den historischen Bedingungen und Konflikten auseinandersetzen, die uns dahin führen können, all jene Verpflichtungen zu beenden, die uns ohne unsere Zustimmung auferlegt wurden, ohne dass wir uns im Gegenzug jener bilateralen Verpflichtungen erfreuen dürften, die die notwendige Voraussetzung für unsere Freiheit wären, um noch einmal Rousseau zu bemühen.

Das Anliegen des Gesellschaftsvertrags im Sinne Jean-Jacques Rousseaus ist keineswegs überholt, vielmehr wurden seine philosophischen Potentiale nie wirklich weiterentwickelt. Die Frage der Geschlechterverhältnisse zeichnet die allgemeine Gestaltung der Gesellschaft in ihren engen Grenzen akkurat nach, und sobald man sich ihr von einem philosophischen Standpunkt aus nähert, umfasst und verkörpert sie die allgemeine Idee des Gesellschaftsvertrags. Auch historische Motive, die mit den Strukturen der Geschlechtergruppen, ihren jeweiligen Situierungen in den Produktionsverhältnissen und im gesellschaftlichen Umgang zu tun haben, sprechen dafür, die Idee des Gesellschaftsvertrags mit neuem Leben zu füllen.

Vor allem müssen wir die Idee des Gesellschaftsvertrags wieder philosophisch denken, weil uns die philosophische Perspektive im Gegensatz zur ausdifferenzierenden Sichtweise der Sozialwissenschaften auch die Synthese gestattet.[39] Schließlich ist der «Gesellschaftsvertrag» eine Idee aus der politischen Philosophie, die abstrakte Vorstellung eines Pakts, eines Vertrags, einer Vereinbarung zwischen den Individuen und der sozialen Ordnung. Die Idee entstammt der britischen Philosophie des siebzehnten Jahrhunderts, namentlich Thomas Hobbes (*Leviathan*) und John Locke (*Zwei Abhandlungen über die Regierung*), sowie der französischen Aufklärung, hauptsächlich Rousseau. Der Ideengeschichte zufolge entstand die Idee aus einer Kritik mittelalterlicher Staatstheorien. Diese basierten auf der Vorstellung, der Staat könne nur eine Theokratie sein, da alle Autorität von Gott ausgehe, Könige würden eine göttliche Ordnung verwirklichen, da sie Könige von Gottes Gnaden seien.

Schon lange vor der Entstehung des »Gesellschaftsvertrags« war die Organisation der Gesellschaft ein beliebtes Thema der Philosophie. Die Philosophen waren angehende Gesetzgeber und

Herrschende, die über die beste Regierungsform und die ideale Stadt nachdachten. Fragen der Politik wurden damals als philosophische Fragen betrachtet, unterrichtet und diskutiert, Politik war ein Zweig der Philosophie. Zwischen den Erörterungen der Philosophen und der reinen Utopie verlief indes ein schmaler Grat, denn viele von ihnen fanden sich ganz praktischen Problemen gegenübergestellt: Platon wurde an den sizilianischen Hof des Tyrannen Dionysos berufen. Danach wurde er zum Erzieher und Lehrer von dessen Neffen, der später König wurde. Aristoteles unterrichtete Alexander. Plotin erhielt von einem anderen Tyrannen den Auftrag, die ideale Stadt zu entwerfen und zu bauen, woraus ein langjähriges Projekt voller Spekulationen und Hoffnungen wurde. Dieses unfreiwillige Eingespanntsein zwischen Spekulation und Macht dürfte den Philosophen die engen Grenzen ihrer utopischen Kreationen aufgezeigt haben. Mir erscheint das plausibel, wenn man sich die realen Prozesse vergegenwärtigt, in die sie verwickelt wurden, wenn sie dem Thron zu nahekamen. Im neunten Buch der *Politeia* diskutieren Sokrates und Glaukon über die perfekte Stadt und ihre ideale Gestalt:

> GLAUKON: Ich verstehe: du meinst, in dem von uns jetzt gegründeten und geschilderten Staat, der sein Dasein nur im Reiche der Gedanken hat; denn auf Erden findet er sich, glaube ich, nirgends.
>
> SOKRATES: Aber im Himmel ist er vielleicht als Muster hingestellt für den, der ihn anschauen und gemäß dem Erschauten sein eigenes Innere gestalten will. Ob er irgendwo sich wirklich findet oder vorfinden wird, darauf kommt es nicht an.«

Kaum verwunderlich also, dass Rousseau in *Vom Gesellschaftsvertrag* einleitend schreibt: »Man wird mich fragen, ob ich Fürst oder Gesetzgeber sei, dass ich über Politik schreibe.« Denn Rousseau, der sich klar von jenen abgrenzen wollte, die er voller Verachtung »die Philosophen« nannte, sagt weiter: »Nein, antworte ich.« Und trotzdem wurden viele seiner Vorschläge von der französischen Nationalversammlung unverändert übernommen. Derart enge Verbindungen von Philosophen und Tyrannen, Königen und politischen Organen mögen für uns ins Reich der Legende gehören. Aber erinnern wir uns daran, dass Präsident Kennedy erst kürzlich eine Kommission mit einer Untersuchung zur Situation der Frauen beauftragte. Die Initiative dieser Frauen verursachte eine der ersten Spaltungen der Frauenrechtsbewegungen, angezettelt von Leuten, die dem »Thron« allesamt recht nahe waren.

Auch wenn es einem Philosophen wie Aristoteles schon in der Frühzeit des politischen Denkens klar war, dass die Gesellschaft eine »Verbindung«, ein »Zusammenschluss«, eine »Versammlung« war, handelte es sich dabei nicht um freiwillige Zusammenschlüsse. Für Aristoteles konnten Gesellschaften niemals auf dem Einverständnis und dem Allgemeinwohl gründen, sondern sie waren Resultat eines *coup de force*, eines Gewaltakts, der den körperlich Starken (folglich geistig Schwachen) von den Klügeren aufgezwungen wurde. Denn für Aristoteles sind nur die Intelligenten wahrhaft mächtig, während diejenigen mit rein körperlicher Kraft in die Kategorie der Schwachen fallen. In seinen Worten: »Es ist also notwendig, dass sich zuerst diejenigen Individuen verbinden, die ohne einander nicht sein können, also einmal Weibliches und

Männliches der Fortpflanzung wegen, [...], dann zweitens von Natur Herrschendes und Beherrschtes der Erhaltung wegen. Denn was von Natur dank seinem Verstande vorzusehen vermag, ist ein von Natur Herrschendes und von Natur Gebietendes, was dagegen mit den Kräften seines Leibes das so Vorgesehene auszuführen imstande ist, das ist ein Beherrschtes und von Natur Sklavisches, weshalb sich denn die Interessen des Herrn und des Sklaven begegnen.«[40] Hobbes und Locke gebrauchen die Begriffe Übereinkunft, Abkommen oder Vertrag (*covenant, compact, agreement)*, so auch Rousseau, der jedoch den politisch sehr viel präziseren Begriff stark macht: *Gesellschaftsvertrag*.

Begriffe wie Übereinkunft, Abkommen oder Vertrag meinen eine Art ursprüngliche Übereinkunft, die Menschen ein für alle Mal miteinander verbindet. Rousseau zufolge ist der Gesellschaftsvertrag die Summe aller fundamentalen Vereinbarungen, die »wiewohl sie vielleicht niemals förmlich ausgesprochen wurden, allenthalben stillschweigend in Kraft und anerkannt [sind].« Ich finde Rousseaus Ausführungen außerordentlich stimulierend, weil sie die ganz reale, gegenwärtige Präsenz des Gesellschaftsvertrags ansprechen – ganz unabhängig von seinem Ursprung existiert er hier und jetzt, kann begriffen und befolgt werden. Alle Vertragsparteien müssen den Vertrag und seine Bedingungen je neu bejahen, damit er in Kraft bleibt.

In diesem Sinne wird daraus also nur dann eine nützliche Idee, wenn der Begriff selbst die Vertragsparteien daran erinnert, ihre jeweiligen Lebensumstände genau zu prüfen. Die Gesellschaft ist nicht auf ewig festgelegt. Der Gesellschaftsvertrag richtet sich nach unseren Taten und nach unseren Worten. Selbst wenn wir darin nicht weiter gehen als Rousseau selbst: »Ich bin als Bürger eines freien Staates geboren und Glied des Souveräns, und so schwach auch der Einfluss meiner Stimme auf die öffentlichen Angelegenheiten sein mag – mein Stimmrecht genügt, mir die Pflicht aufzuerlegen, mich darin zu unterrichten.«

Rousseau ist der erste Philosoph, für den es nicht selbstverständlich ist, dass der Kern des Gesellschaftsvertrags – wenn es so etwas gibt – das »Recht des Stärkeren« ist (denn scheinbar wird die Unausweichlichkeit dieses Prinzips in der Gesellschaft auf einer bewussten oder unbewussten Ebene auch von der modernen Geschichtsschreibung und Anthropologie in anderen Formulierungen bekräftigt). Es gibt kein größeres Vergnügen als seinen Sarkasmus über das »Recht des Stärksten«, das er als Widerspruch in sich bloßstellt. Im *Gesellschaftsvertrag* sagt er:

> Der Stärkere ist nie stark genug, immer Herr zu sein [...]. Daher das «Recht des Stärkeren»; «Recht» offensichtlich ironisch genommen, in Wirklichkeit jedoch als Grundsatz aufgestellt [...]. Der Stärke weichen ist ein Akt der Notwendigkeit, nicht des freien Willens; es ist allenfalls ein Akt der Klugheit. In welcher Hinsicht könnte es eine Pflicht sein? [...] Denn sobald Stärke Recht schafft, ändert sich mit der Ursache auch die Wirkung; [...] Was ist das aber für ein Recht, das untergeht, wenn die Stärke endet? Wenn man gezwungen wird zu gehorchen, ist es nicht mehr nötig, es aus Pflicht zu tun, und wenn man nicht mehr gezwungen ist, zu gehorchen, ist man dazu auch nicht mehr verpflichtet. Man sieht also, dass dieses Wort «Recht» der Stärke nichts hinzufügt; es besagt hier überhaupt nichts.«

Ich komme auf die historische Situation der Frauen zurück, die uns viele gute Gründe dafür liefert, sich Gedanken darüber zu machen, was unfreiwillig ihr Leben bestimmt hat. Ich bin keine Fürstin, ich bin keine Gesetzgeberin, aber ein aktiver Teil der Gesellschaft. Ich halte es für meine Pflicht, die bestehende Ordnung, die Regeln, Gebote und Verbote, die die Gesellschaft mir auferlegt hat, dahingehend zu prüfen, ob mir diese Gebote und Verbote eine Freiheit zugestehen, die mir die Natur versagt, oder ob ich feststellen muss, dass die Gesellschaft uns nicht im Sinne Rousseaus einbezogen hat, sondern ihre Ansprüche an uns auf »eine Vereinbarung mit dir, die ganz zu deinen Lasten und meinen Gunsten ist; die ich so lange achte, wie es mir gefällt, und die du so lange achten solltest, wie ich es wünsche!« hinauslaufen (Der Begriff wird hier rein rhetorisch verwendet, denn es dürfte allen klar sein, dass man die Gesellschaft nicht verlassen kann.) Aber ob wir es wollen oder nicht, wir leben hier und jetzt in einer Gesellschaft, und der Beweis dafür, dass wir dem sozialen Gefüge zugestimmt haben, ist der Umstand, dass wir Regeln und Konventionen befolgen, die nie klar artikuliert wurden, aber trotzdem wie auf magische Weise allen bewusst sind und von allen befolgt werden. Ein weiterer Beweis unserer Zustimmung zum sozialen Gefüge ist unser Gebrauch einer gemeinsamen Umgangssprache, wie wir es auch jetzt tun. Um ihre Stellung innerhalb der Gesellschaft zu beschreiben, würden nur wenige Menschen den Begriff »Gesellschaftsvertrag« verwenden. Aber alle würden wohl zustimmen, dass es viele Dinge gibt, die »man eben so macht«. *Vogelfrei* und *verrückt* sind Bezeichnungen für diejenigen, welche sich den Regeln und Konventionen nicht fügen wollen, aber auch für diejenigen, die die gemeinsame Sprache nicht sprechen können – oder nicht sprechen wollen. Und genau das interessiert mich, wenn ich vom Gesellschaftsvertrag spreche: Jene Regeln und Konventionen, die nie formalisiert wurden, jene Regeln und Konventionen, die für das wissenschaftliche Denken aber auch für die gewöhnlichen Menschen so selbstverständlich sind, die ihnen ihr Leben offensichtlich erst ermöglichen, so wie man zwei Beine und zwei Arme hat, und zum Überleben atmen muss. Durch ein solches soziales Gefüge eingebunden zu sein, erlaubt es jeder einzelnen von uns allen, sich als Teil des Gesellschaftsvertrags zu betrachten – des Gesellschaftsvertrags im Sinne eines notwendigen Zusammenkommens und Zusammenlebens, des Lebens als soziale Wesen. Auch wenn diese Idee für das wissenschaftliche Denken keinen Nutzen mehr hat, bleibt sie für das philosophische Denken relevant allein durch den unumstößlichen Umstand, dass wir miteinander leben, funktionieren, sprechen, arbeiten, heiraten. Konventionen und Sprache zeichnen wie ein Grundriss das ganze Ausmaß des Gesellschaftsvertrags nach – das größtenteils ein Leben in einer heterosexuellen Gesellschaft ist. Denn ein Leben in der Gesellschaft ist ein Leben in Heterosexualität. Für mich sind der Gesellschaftsvertrag und Heterosexualität tatsächlich austauschbare Begriffe.

Der Gesellschaftsvertrag, von dem ich spreche, ist die Heterosexualität. Wenn ich versuche, den Gesellschaftsvertrag zu definieren, stoße ich auf die gleichen Probleme, die ich habe, wenn ich versuche, zu definieren, was Heterosexualität eigentlich ist. Ich arbeite mich an einem nicht existenten Objekt ab, einem Fetisch, einer ideologischen Form, die in der Realität nicht greifbar ist, außer durch ihre Effekte, die nur in den Köpfen der Menschen existiert, aber trotzdem ihr ganzes Leben bestimmt, ihr Verhalten, wie sie sich bewegen, wie sie denken. Wir haben es also mit einem Objekt zu tun, das real und irreal zugleich ist. Wenn ich die Ausmaße seines Grundrisses betrachten will, bewegt es sich, verändert sich, erzeugt manchmal etwas Sichtbares, und manchmal verschwindet es vollständig. Es ist wie ein Möbiusband. Erst sehe ich dies, dann etwas ganz anderes. Aber dieses Möbiusband täuscht, denn nur ein Aspekt seines optischen Effekts sticht klar und massiv heraus, nämlich die Heterosexualität. Homosexualität hingegen erscheint flüchtig wie ein Geist, und manchmal auch gar nicht.

Was aber ist Heterosexualität? Der Begriff wurde am Anfang des letzten Jahrhunderts als Gegenstück zur Homosexualität gebildet. So viel zum Ausmaß seines »Das-versteht-sich-doch-von-selbst«-Prinzips. Juristisch gesehen ist sie keine Institution, man könnte auch sagen, die Institution Heterosexualität besitze keine juristische Existenz (die französische Rechtsprechung erwähnt nicht einmal, dass Ehepartner'innen unterschiedlichen Geschlechts sein müssen). Anthropologie, Ethnologie und Soziologie würden sie wohl für eine Institution halten, aber eine schriftlose, unausgesprochene. Denn sie gehen von etwas bereits Gegebenem aus, etwas außerhalb einer sozialen Ordnung, nämlich zwei Gruppen: Frauen und Männer. Für sie sind Männer soziale, Frauen hingegen natürliche Wesen. Ich würde das mit der Herangehensweise der Psychoanalyse vergleichen, die von einer prä-ödipalen Beziehung des Kindes zur Mutter ausgeht, einer prä-sozialen Beziehung, die sich trotz ihrer großen Tragweite für die Menschheit historisch nicht herleiten lässt. Für sie hat diese Betrachtungsweise hinsichtlich des Gesellschaftsvertrags den Vorteil, dass man sich nicht mit der Frage nach seinem Ursprung herumschlagen muss. Sie glauben, es nicht mit Synchronie, sondern mit Diachronie zu tun zu haben. So zum Beispiel Lévi-Strauss mit seiner berühmten Vorstellung vom Frauentausch. Er glaubt, er habe es mit etwas Unveränderlichem zu tun. Er und die gesamte Sozialwissenschaft, die das Problem, um das es mir hier geht, einfach nicht sehen, würden nie von so etwas wie einem »Gesellschaftsvertrag« sprechen. Es ist tatsächlich sehr viel einfacher, das, was ich hier »Gesellschaftsvertrag« nenne, als Status Quo aufzufassen, als etwas, das sich nicht verändert *hat* und nie verändern *wird*. Darum wimmelt es in ihren Schriften von Begriffen wie *Väter, Mütter, Brüder, Schwestern, usw.*, deren Beziehungen man studieren kann, als würde es sie genau so geben für alle Ewigkeit. Noch zynischer agiert Aristoteles, der in seiner *Politik* konstatiert, dass die Dinge so sein *müssen*: »Es ist also *notwendig*, dass sich zuerst diejenigen Individuen verbinden, die ohne einander nicht sein können, also einmal Weibliches und Männliches« (Hervorhebungen von mir, MW). Man bemerke an diesem Punkt die *Notwendigkeit* von Heterosexualität als Ausgangspunkt der *Politik*. Bemerkenswert auch, dass das zweite Beispiel der *»notwendig«* Verbundenen das »von Natur Herrschende und von Natur Gebietende« ist. Von diesem Zeitpunkt an waren Männer und Frauen, die heterosexuelle (Paar)Beziehung, das Eichmaß aller hierarchischen Beziehungen. Es ist daher auch fast sinnlos zu betonen, dass nur die beherrschten Teile dieser Paare nicht für sich »sein können«. Die »Herrschenden« und »Männer« kommen sehr gut ohne ihr Gegenstück zurecht.

Aber zurück zu Lévi-Strauss. Denn die Vorstellung vom Frauentausch möchte ich mir ungern entgehen lassen. Sie ist bis heute ein Lieblingsthema feministischer Theoriebildung. Das kommt nicht von ungefähr, denn mit dieser Theorie wurde uns das große Ganze, die große Verschwörung der Väter, Brüder und Ehegatten gegen die andere Hälfte der Menschheit vor Augen geführt. Für Herrschende ist der Gebrauch, den sie von versklavten Menschen machen können, sehr viel befristeter, als es bei Frauen der Fall ist. Denn Frauen, »die Sklaven der Armen«, wie Aristoteles sie nannte, sind immer verfügbar; sie sind jene Wertobjekte, die, so Lévi-Strauss, das Leben lebenswert machen (Aristoteles drückt es ganz ähnlich aus: sie garantieren das »gute Leben«). Als Lévi-Strauss den Frauentausch beschrieb und wie er funktioniert, hat er für uns offensichtlich die Grundzüge des Gesellschaftsvertrags beschrieben, jedoch eines Gesellschaftsvertrags, der Frauen ausschließt, eines Gesellschaftsvertrags zwischen Männern. Jeder dieser Tauschakte zwischen Männern bestätigt einen Vertrag zur Aneignung aller Frauen. Für Lévi-Strauss kann eine Gesellschaft ohne diesen Tausch nicht bestehen und nicht funktionieren. Seine Darstellung zeigt also Heterosexualität nicht nur als Institution, sondern als *den* Gesellschaftsvertrag, als politisches Regime. (Es dürfte inzwischen klar sein, dass es hier nicht um Fragen sexueller Lust oder sexueller Lebensweisen geht.) Seine Theorie hat Lévi-Strauss den Vorwurf des Antifeminismus eingebrockt, auf den er eingeht. Und obwohl er einräumte, dass die

Überblendung von Frauen und sprachlichen Zeichen, die seinem Austausch-Theorem zugrunde lag, nicht vollkommen aufging, brauchte er sich über die möglicherweise schockierende Wirkung einer solchen Theorie auf Frauen keine Gedanken machen, ebenso wenig wie Aristoteles, als er die Notwendigkeit der Sklaverei in der gesellschaftlichen Ordnung beschrieb, denn ein wissenschaftlicher Geist darf im Umgang mit der grausamen Wirklichkeit weder zahm noch zauderhaft sein. Und diese Wirklichkeit ist tatsächlich grausam. Ängste vor einer Revolte sind im Fall der Frauen überflüssig. Und es kommt noch besser, denn man hat ihnen schließlich beigebracht, dass sie das, wozu man sie zwingt, selbst wollen, und dass sie trotzdem Teil eines gesellschaftlichen Vertrages sind, der sie ausschließt. Denn selbst wenn sie, wenn wir, dem nicht zustimmen, können wir nicht außerhalb der geistigen Schubladen der Heterosexualität denken. Heterosexualität ist allen geistigen Schubladen immer schon inhärent. Auch in das dialektische Denken (oder das Denken der Differenz) hat es sich als Hauptkategorie hineingeschlichen. Denn selbst die Abstraktionen der Philosophie behandeln die Realität als etwas Soziales. Durch Sprache wirft die Realität Schatten auf den sozialen Körper, prägt und formt ihn gewaltsam. Auch die Körper sozialer Akteurinnen und Akteure werden durch abstrakte Sprachen (aber auch durch natürliche Sprachen) modelliert. Die Realität passt sich der Sprache an.

Daher ist die Heterosexualität, deren Eigenschaften nur auftauchen, um dann schnell wieder zu verschwinden, sobald man sie gedanklich fassen will, so offenbar und ersichtlich in den Kategorien des heterosexuellen Vertrags. Eine dieser Kategorien, die ich in einem kurzen Essay [in diesem Band] zu dekonstruieren suchte, ist die Geschlechtskategorie. Und es ist völlig klar, dass wir es hier mit einer politischen Kategorie zu tun haben. Wenn man sie nur klar genug auseinanderlegt, zeigt uns diese Kategorie die Bedingungen des Gesellschaftsvertrags für Frauen auf. Ich zitiere aus *Die Geschlechtskategorie* (in leicht überarbeiteter Form):

> Die Persistenz der Geschlechter ebenso wie die von Herrschaft und Knechtschaft entspringen demselben Glauben, und da es keine Knechte ohne Herren gibt, gibt es folglich auch keine Frauen ohne Männer [...]
>
> Die Geschlechtskategorie ist die politische Kategorie, die die Gesellschaft als heterosexuelle begründet. Daher betrifft sie nicht das Sein, sondern die Beziehungen (denn Frauen und Männer sind das Ergebnis von Beziehungen), obwohl diese beiden Aspekte in der Diskussion stets verwechselt werden. Die Geschlechtskategorie bestimmt das Verhältnis, auf dem (heterosexuelle) Gesellschaft gründet und durch das die Hälfte der Bevölkerung, die Frauen, »heterosexualisiert« [...] werden. [...]
>
> Ihre Hauptkategorie, die Kategorie des Geschlechts, *funktioniert genau so wie »schwarz« über ein bestimmtes Reduktionsverfahren, indem ein Teil für das Ganze genommen wird, ein Teil (Hautfarbe, Geschlecht) fungiert als Filter, durch den eine ganze Menschengruppe hin.* (Hervorhebungen von mir, MW)

Als Adrienne Rich von »Heterosexualität als Pflicht« sprach, war das ein echter Fortschritt in der Wahrnehmung des Gesellschaftsvertrags, mit dem wir es hier zu tun haben. In einem bemerkenswerten Essay über das Bewusstsein stellte die französische Anthropologin Nicole-Claude Mathieu klar, dass unser Schweigen keineswegs Zustimmung bedeutet.[41] Und wieso sollten wir einem Gesellschaftsvertrag zustimmen, der uns dazu verpflichtet und darauf reduziert, Bedeutung allein durch die Arbeit der Reproduktion zu erlangen, oder, in den Worten des französischen Schriftstellers Jean Paulhan, zu Wesen, die ganz und gar, bis in ihren Geist hinein, durch ihr Geschlecht bestimmt werden.[42]

Ich fasse zusammen: Frauen werden nur dann einen Gesellschaftsvertrag (und zwar einen neuen!) zu Stande bringen, wenn sie aus ihrer Klasse ausbrechen, selbst wenn sie das, wie einst entflohene Leibeigene, eine nach der anderen tun müssen. Wir sind schon dabei. Lesben sind Flüchtige, entflohene Sklavinnen; geflüchteten Ehefrauen gleich, sie gibt es in aller Herren Länder, denn das politische Regime der Heterosexualität präsidiert allen Kulturen. Mit dem heterosexuellen Gesellschaftsvertrag zu brechen ist folglich eine Notwendigkeit für alle, die mit ihm nicht einverstanden sind. Denn wenn an den Ideen Rousseaus etwas Wahres dran ist, dann dass wir hier und jetzt »freiwillige Zusammenschlüsse« bilden können, um den Gesellschaftsvertrag hier und jetzt neu zu formulieren, auch wenn wir weder Fürstinnen noch Gesetzgeberinnen sind. Ist das nichts als Utopie? Dann halte ich mich an Sokrates und Glaukons Sicht der Dinge: Wenn man uns letztendlich eine neue soziale Ordnung verweigert, die darum nur in Worten entstehen kann, dann finde ich sie in mir selbst.

HOMO SUM

1990

Homo sum; humani nihil a me alienum puto.
(Man ist Mensch; nicht Menschliches, denk ich, ist mir fremd)
Terenz, *Heautontimoroumenos*, (Der Selbstquäler)

Wir alle haben eine abstrakte Vorstellung davon, was es bedeutet, ein »Mensch« zu sein, auch wenn das, was wir mit »Mensch« meinen, bislang nicht verwirklicht wurde und noch virtuell und potenziell ist. Denn trotz des immensen Universalitätsanspruchs betrifft das, was bisher in unserer westlichen Philosophie für den »Menschen« gehalten wurde, in Wirklichkeit nur eine winzige Randgruppe: weiße Männer, Eigentümer der Produktionsmittel, sowie jene Philosophen, die ihren jeweiligen Standpunkt als den einzig wahren und möglichen zurechtphilosophierten. Um wirklich klar zu sehen, müssen wir unsere abstrakten philosophischen Betrachtungen der virtuellen Potentiale des Menschseins darum von einem schrägen Standpunkt aus angehen. Lesbisch zu sein, also am äußeren Rand des Menschlichen (der Menschheit) zu stehen, entspricht folglich, historisch gesehen, paradoxerweise dem menschlichsten Standpunkt überhaupt. Die Idee, dass nur ein extremer Standpunkt das Denken und die Strukturen der Gesellschaft kritisieren und verändern kann, ist nicht neu. Wir verdanken sie Robespierre und Saint-Just. Marx und Engels weiteten diese Idee in ihrer *Deutschen Ideologie* aus, indem sie die

Notwendigkeit betonten, dass die radikalsten Gesellschaftsgruppen ihre Standpunkte und Interessen als universell und verallgemeinerbar vertreten, eine Haltung, die sich auf praktische und philosophische (politische) Standpunkte auswirkt.

Die heutige gesellschaftliche Stellung von Lesben, ob es ihnen bewusst ist oder nicht, liegt philosophisch (politisch) gesehen jenseits der Geschlechtskategorien. Sie sind ihrer Klasse (der Klasse der Frauen) praktisch davongelaufen, wenn auch nur vereinzelt und auf eigenes Risiko.

Von genau diesem kulturellen und praktischen Ort aus, so extrem vulnerabel wie richtungsweisend, möchte ich die Frage der Dialektik neu diskutieren.

Auf der einen Seite steht die ganze Welt samt ihrer massiven Überzeugung und Befürwortung von Heterosexualität als absolutes Muss, und auf der anderen Seite die nebulöse, flüchtige, manchmal auch erhellende und bestechende Vision von Heterosexualität als Falle, als erzwungenes politisches System, dem man möglicherweise tatsächlich entkommen könnte.

Seit über hundert Jahren prägt die Dialektik unser politisches Denken. Wer das dialektische Denken in seiner modernsten Form durch Marx und Engels und ihre Theorie des Klassenkampfs kennengelernt hat, musste jedoch, um seine Mechanik zu verstehen, auf Hegel zurückgehen, vor allem dann, wenn man Marx' und Engels' Umkehr der Hegel'schen Dialektik nachvollziehen wollte. Es handelt sich dabei, kurz gesagt, um eine Dynamisierung von Hegels essentialistischen Kategorien, einen Transfer von der Metaphysik zur Politik (um aufzuzeigen, dass metaphysische Begriffe auf gesellschaftlicher und politischer Ebene als Konflikte interpretiert werden müssen, und nicht mehr als essentialistische Gegensätze, und um zu zeigen, dass die Konflikte überwunden und die gegensätzlichen Kategorien miteinander versöhnt werden könnten).

Dazu eine Anmerkung: Indem Marx und Engels sämtliche sozialen Gegensätze ganz allein im Sinne des Klassenkampfs herunterbrachen, reduzierten sie alle diese Konflikte auf zwei Begriffe. Diese Komplexitätsreduktion beseitigte eine ganze Reihe von Konflikten, die man mit dem Begriff »Anachronismen des Kapitals« auf den Punkt bringen könnte. Rassismus, Antisemitismus und Sexismus fielen dieser Marx'schen Reduktion zum Opfer. Die so begründete Konflikttheorie könnte man mit einem Paradigma resümieren, das sich durch alle Marx'schen »Klassen« hindurchzieht. Sie ließen sich nämlich nicht allein durch ökonomische Begriffe verstehen: Etwa durch die bloße Aneignung des Mehrwerts in einem gesellschaftlichen Umfeld, in dem zwar alle über die gleichen Rechte verfügen, die Kapitalistinnen und Kapitalisten sich aber durch den Besitz der Produktionsmittel den Großteil der Produktion und Arbeitskraft der Arbeiterinnen und Arbeiter, insofern es sich um marktfähige Werte im Sinne von Geld- und Tauschwert handelt, aneignen können. Jeder Konflikt, dessen Ausprägung nicht durch die beiden Begriffe des Klassenkampfes eingeebnet werden konnte, sollte nach dem Sieg des Proletariats aufgelöst werden.

Nun wissen wir, dass die Theorie des Klassenkampfs sich historisch gesehen nicht durchgesetzt hat, und die Welt noch immer in Kapitalistinnen und Kapitalisten (im Besitz der Produktionsmittel) und Arbeiterinnen und Arbeiter (im Besitz von Arbeit und Arbeitskraft, Mehrwert schaffend) aufgeteilt ist. Die Konsequenz des Scheiterns der proletarischen Klasse, die gesellschaftlichen Verhältnisse international zu verändern, führt uns in eine Sackgasse. Hinsichtlich der Dialektik ist das Resultat ein Erstarren der Marx'schen Dynamiken, die Rückkehr zu einem metaphysischen Denken und ein Überstülpen von essentialistischen Begriffen über Begriffe, die durch die Marx'sche Dialektik transformiert werden sollten. Mit anderen Worten: Wir haben es noch immer mit kapitalistischer Klasse vs. proletarischer Klasse zu tun, aber dieses Mal ist es so, als wären sie jetzt auf magische Weise in einen Dornröschenschlaf versetzt worden, schicksalhaft dazu bestimmt, für immer und ewig und unverrückbar in essentialistische Begriffe verwandelt, beraubt jeglicher Dynamik, die sie transformieren könnte.

Für meine Zwecke hier braucht es keine tiefergehende Relektüre des Marx'schen Ansatzes, außer im Sinne globaler Gerechtigkeit anzumerken, dass das, was Marx den Anachronismus des Kapitals und der industriellen Welt nannte, eine Vielzahl sehr unterschiedlicher Menschen ausblendete, nämlich, in Gestalt von Frauen, die Hälfte der Menschheit, aber auch Kolonisierte, die Dritte Welt, die sogenannte Vierte Welt[43], sowie die Bäuerinnen und Bauern der industriellen Welt. Am Anfang des Jahrhunderts waren es Lenin und Mao Zedong, die sich angesichts ihrer Menschenmassen vor dieses Problem gestellt sahen.

Vom Standpunkt einer lesbisch-politischen Philosophie, und mit Blick auf die Situation von Frauen im Verlauf der Geschichte, muss man die Dialektik weiter als bis zu Hegel zurückverfolgen, nämlich bis zu ihrem Ursprung; d. h. man muss bis zu Aristoteles und Platon zurückgehen, um zu verstehen, wie die Oppositionskategorien, die uns geprägt haben, in die Welt kamen.

Unter den frühen griechischen Philosophen gab es einige Materialisten, und alle waren Monisten, für sie war das Sein ungeteilt, das Sein als solches war eins. Laut Aristoteles verdanken wir die Idee der Teilung im Prozess des Denkens, und damit auch im Denken des Seins, der Pythagoreischen Schule. Statt in Begriffen der Einheit zu denken, führte die Philosophie nunmehr die Dualität ins Denken ein, und damit auch in die Verfahren der Logik.

Man betrachte nur die erste dualistische Kategorientafel der Geschichte, wie sie uns in der Metaphysik des Aristoteles erhalten ist (Metaphysik, Buch I, Kap. 5,6[44]):

Grenze	Unbegrenztes
Ungerades	Gerades
Eines	Vielheit
Rechtes	Linkes
Männliches	Weibliches
Ruhendes	Bewegtes
Gerades	Krummes
Licht	Finsternis
Gutes	Böses
Gleichseitiges	Ungleichseitiges Rechteck

Wir können sehen, dass

rechts	links
männlich	weiblich

licht	finster
gut	böse

urteilende und wertende Begriffe sind, ethische Konzepte, die der Reihe, der ich sie entnommen habe, fremd sind. Die erste Reihe ist eine technisch-instrumentelle Reihe, die auf Unterteilungen zurückgeht, die für den Gebrauch eines bestimmten Werkzeugs notwendig sind (eine Art Winkeleisen namens Gnomon). Pythagoras und seine Schüler waren Mathematiker, was ihre Auswahl verständlich macht. Die zweite Reihe aber ist völlig anders als die erste. Und so kam es, dass man aus der Entwicklung präziser begrifflicher Werkzeuge, die auf Unterscheidungen (Variationen, Vergleichbarkeit, Differenzen) beruhten, unmittelbar (oder nahezu unmittelbar, nämlich durch die Nachfolger der Pythagoreischen Schule) ein Mittel zur Schaffung metaphysischer und ethischer Unterschiede im Dasein machte.

Bei Aristoteles kommt es also zu einer Verschiebung, zu einer Art Sprung in der Auffassung dieser Begriffe, die er in seiner historischen Betrachtung der Philosophie, aber auch in dem, was er Metaphysik nannte, verwandte. Aus praktischen Begriffen wurden abstrakte. Die Begriffe, deren Funktion darin bestand, zu sortieren, zu klassifizieren, zu messen (an sich ein geniales Werk), überträgt man in eine metaphysische Dimension, und schon bald waren sie ihrem Kontext völlig entfremdet. Außerdem beeinflussten die wertenden und moralisierenden Begriffe (rechts, männlich, licht, gut) der Kategorientafel in der metaphysischen Interpretation von Aristoteles (und Platon) auch die Bedeutung von technischen Begriffen wie das »Eine«. Alles, was »gut« war, gehörte zur Reihe des Einen (als Seiendes). Alles, was »Vielheit« (anders) war, gehörte in die Kategorie des »bösen«, glich dem Nichtseienden, Rastlosen, all dem, was das Gute in Frage stellte. Damit haben wir den Bereich der Deduktion verlassen und den Bereich der Interpretation betreten.

In dem von Platon und Aristoteles erschaffenen dialektischen Feld finden wir also eine Reihe von Oppositionen, inspiriert von frühen mathematischen Gliederungen, aber leider entstellt. Deshalb finden wir in der Reihe der »Einheit« (des ungeteilten absoluten Seins, des Göttlichen an sich) auch »männlich« (und »licht/Licht«), das seither diese dominante Position besetzt hat. In der anderen Reihe erscheinen die Rastlosen: das gemeine Volk, die Frauen, die »Sklavinnen der Armen«, die »Finsteren« (Barbaren, die den Unterschied zwischen Versklavten und Frauen nicht kennen), allesamt reduziert auf das Merkmal des Nicht-Seienden. Denn Sein ist gut sein, männlich, straight, eins, in anderen Worten: gottgleich, das Nichtseiende hingegen ist alles andere (die Vielheit), weiblich: gleichbedeutend mit Zwist, Unruhe, Finsternis, dem Bösen. (Vgl. Aristoteles, *Politik*)

Schon Platon spielte mit den Begriffen des Einen und des Gleichen (das göttliche Sein und das Gute) und des Anderen (das Gott nicht gleicht, Nicht-Seiend ist, schlecht). Die Dialektik beruht also auf einer Reihe von Oppositionen, die grundsätzlich metaphysisch konnotiert sind: Sein oder Nicht-Sein. Aus unserer Sichtweise geht Hegel in seiner Dialektik von Herr und Knecht nicht viel anders vor. Sogar Marx blieb, trotz seiner Bemühungen, solche Oppositionen als Konflikte (gesellschaftliche, praktische) zu historisieren, den metaphysischen und den dialektischen Kategorien verhaftet. Die Bourgeoisie ist auf der Seite des Einen, des Seins; das Proletariat ist auf der Seite des Nicht-Seienden.

Darum besteht für uns die dringend notwendige Kritik der Dialektik in einer »Dialektisierung« der Dialektik, einer Revision ihrer Begriffe oder Oppositionen als Grundprinzipien und hinsichtlich ihrer Funktion. Denn wenn es in der Geschichte der Philosophie einen Sprung von Deduktion hin zu Interpretation und Widersprüchlichkeit gab, oder anders ausgedrückt, wenn wir hier von mathematischen und technischen Kategorien auf normative und metaphysische Kategorien gesprungen sind, sollten wir dem nicht mehr Aufmerksamkeit widmen?

Sollten wir nicht erwähnen, dass das Paradigma, zu dem weiblich, finster, böse und unruhig gehören, um Sklavinnen und Sklaven, das Andere und das Verschiedene erweitert wurde? Die gesamte moderne Philosophie, inklusive Linguistik, Psychoanalyse, Anthropologie, werden uns erklären, dass man ohne diese exakten Kategorien von Oppositionen (von Differenzen) weder denken noch urteilen kann, oder, noch besser, dass es vielmehr unmöglich ist, außerhalb der Gesellschaft, im Asozialen, Bedeutung zu generieren.

Bekanntlich wollte Marx Hegels Dialektik vom Kopf auf die Füße stellen. Der entscheidende Schritt bestand für Marx in dem Nachweis, dass dialektische Kategorien, wie das Eine und das Andere, Herr und Knecht, an sich weder essentiell noch metaphysisch waren, sondern vergänglich, und dass man sie deshalb als historische lesen und verstehen musste. Mit dieser Volte stellte er die Verbindung von Philosophie und Politik wieder her. Somit waren die Kategorien, die heute so feierlich Kategorien der Differenz genannt werden (und die zu dem gehören, was ich das Denken der Differenz nenne), für Marx konfliktäre Kategorien – Kategorien sozialer Konflikte –, die sich im Laufe des Klassenkampfes gegenseitig zerstören sollten. Und wie in einem solchen Kampf vorgesehen, musste das Andere, indem es das Eine zerstörte (oder abschaffte), zugleich auch sich selbst zerstören (abschaffen). Denn zugleich mit der Konstituierung des Proletariats als ökonomische Klasse musste es sich selbst ebenso zerstören wie die Bourgeoisie. Der Prozess der Zerstörung besteht in einer Doppelbewegung: sich selbst als Klasse zerstören (denn sonst bleibt die Bourgeoisie an der Macht) und sich als philosophische Kategorie zerstören (die Kategorie des Anderen), denn geistig in der Kategorie des Anderen (der Versklavten) zu verbleiben, würde eine Nichtlösung im Sinne der Marx'schen Dialektik bedeuten. Die Auflösung zielt dann auf eine philosophische Neubewertung der beiden konfliktären Begriffe ab, die, sobald sie nachweist, dass es eine ökonomische Kraft gibt, wo vorher keine solche Kraft (eine Nicht-Kraft, ein Nichts) war, diese Kraft die Seite des Anderen (Knecht) negieren und sich auf die Seite des Einen (Herr) schlagen muss, aber nur, um beide Ordnungen abzuschaffen und sie so zu versöhnen, dass sie sich angleichen und eins werden.

Was sich in der Geschichte bei allen uns bekannten Revolutionen ereignet hat, ist, dass das Andere (eine Kategorie des Anderen) sich selbst an die Stelle des Einen gesetzt hat und große Gruppen unterdrückter Menschen umfasste, die nun ihrerseits die Anderen der Ex-Anderen, mithin das Eine wurden. So geschehen (schon vor Marx) in der Französischen Revolution, die sich mit der Frage der Sklaverei sehr schwertat und die Frauenfrage (Frauen, die ewigen Anderen) komplett ignorierte. Die Hauptfrage einer Dialektisierung der Dialektik würde für mich darin bestehen, welche realen Auswirkungen es auf die Sache der Menschlichkeit haben wird, wenn einst alle Kategorien des Anderen auf die Seite des Einen, des Seins, des Subjekts übergegangen sein werden. Wird es denn keine Transformation geben? Mit Blick auf unsere Sprache: werden wir Begriffe wie »Menschheit«, »Mensch«, »human«, *»l'homme«, »homo«* beibehalten können, auch wenn alle diese Begriffe im Abstrakten zuerst einmal nur das menschliche Wesen (ohne Ansehen des Geschlechts) bezeichnen? Sollen wir diese Begriffe auch weiterhin gebrauchen, nachdem die dominante Gruppe (Männer über Frauen) sie sich so lange zunutze gemacht hat, um die Menschheit – abstrakt und konkret – als männlich zu markieren? Menschheit: Mannheit. Anders gesagt: philosophischer und politischer Missbrauch.

Marx und Engels haben sich mit dieser notwendigen Transformation (eine dialektische Operation) nicht auseinandergesetzt. Sie setzten sich lediglich (wie bei Revolutionen üblich) mit einer Substitution auseinander. Es gab dafür einen guten Grund: Denn sie schrieben über diese Frage *vor* der proletarischen Revolution und konnten vor diesem Ereignis nicht bestimmen, was geschehen würde. Es gab dafür aber auch einen schlechten Grund: Die Trägerin des Universellen, des Allgemeinen, des Menschlichen, das war die bürgerliche Klasse (vgl. *Das Kommunistische Manifest*), die Hefe der Geschichte und zugleich die einzige Klasse, die in der Lage war, nationale Grenzen zu überschreiten. Die proletarische Klasse, obgleich die aufsteigende, verharrte ihrer Ansicht nach im Stadium des Limbus, eine Horde von Gespenstern, die, um bestehen und kämpfen zu können, der Leitung der Kommunistischen Partei (deren Mitglieder hauptsächlich Bürgerliche waren) bedurfte.

Damit war unser vollkommenstes Modell von Dialektik, zumindest der materialistischen Dialektik, zunichte gemacht, denn die Würfel waren gefallen: Das Andere war von Anfang an dazu verurteilt, da zu bleiben, wo es zu Beginn des Verhältnisses stand, d. h. *wesentlich* am Ort des Anderen, weil die Kraft, die die Transformation der Klassen bewirken sollte (d. h. die Kategorien des Einen und des Anderen aufzubrechen und sie in etwas anderes zu verwandeln), dem Parameter des Einen, also der Bourgeoisie selbst, angehörte.

Als es dann an der Bourgeoisie war, sich gemäß der Marx'-schen Dialektik vermittels ihrer eigenen revolutionären Fraktion selbst zu bekämpfen, und sich selbst durch den Abbau beider Klassen auf ein Nichts hinwegzureduzieren, konnte man da erwarten, dass sie das auch wirklich tun würde? Schließlich waren die meisten Häupter der Kommunistischen Partei Intellektuelle bürgerlicher Herkunft.

Dieses Problem ist im Verhältnis von Frauen und Männern noch entscheidender, doch es wird weder richtig wahrgenommen, noch hinterfragt. Wer soll denn auch die Vernunft für die Einsicht aufbringen, dass es notwendig ist, oder notwendig sein wird, diese Kategorien als Kategorien zu zerstören und die Herrschaft des »Einen« über das Andere zu beenden? Was nicht heißen soll, dass man Frauen durch Männer (das Andere durch das Eine) ersetzen sollte.

Eigentlich ist alles wie eh und je: die Männer auf der einen, die Frauen auf der anderen Seite. Die »Einen« beherrschen und besitzen alles, Frauen inklusive, die anderen werden beherrscht und besessen. Meiner Meinung nach sollten Frauen in einer solchen Situation das Privileg des Andersseins auf philosophischer und politischer Ebene ablehnen, und vor allem weder die Zumutung des Andersseins (in die Kategorie des Anderen verwiesen zu werden) als »Recht auf Anderssein« formulieren, noch sich dem »Stolz des Andersseins« hingeben. Da sich die Angelegenheit politisch und ökonomisch nur sehr langsam zu regeln scheint, glaube ich, dass man philosophisch sehr viel weiterkäme, wenn man den Weg der Abstraktion beschreiten würde.

Abstrakt gesehen ist man Mensch, die Menschheit, mankind, das sind wir alle, – und das Andere, welcher Art auch immer, ist darin eingeschlossen. Sobald die Menschen die Möglichkeit einer solchen Abstraktion begriffen haben, kann man auf dieser Ebene bestimmte Tatsachen verdeutlichen.

Wenn man zu den Unterdrückten zählt, muss man nicht unbedingt der Marx'schen Lehre folgen und auf den Sieg im »letzten Gefecht« warten, um zu verlautbaren, dass die Unterdrückten ebenso Menschen sind wie die Beherrschten, und dass Frauen ebenso Menschen sind wie Männer. Was verpflichtet uns denn dazu, immer weiter alle möglichen ontologischen, etymologischen und sprachlichen *entourloupettes*, Schildbürgerstreiche, zu ertragen, nur weil wir angeblich machtlos sind? Es ist Teil unseres Kampfes, solche Streiche zu entlarven und darauf hinzuweisen, dass einer von zwei Menschen eine Frau ist und das Universelle auch uns gehört, selbst wenn wir auf dieser Ebene genau so beraubt und geplündert wurden wie auf der politischen und ökonomischen Ebene. An diesem Punkt ist uns die von mir so bewunderte dialektische Methode wohl kaum eine Hilfe. Denn abstrakt, im Reich des Denkens, im Reich der Möglichkeiten und Potenziale, in der Philosophie, kann das Andere nicht wesentlich anders sein als das Eine, es ist das Gleiche, ganz im Sinne dessen, was Voltaire die Selbigkeit nannte (*la Mêmeté*, ein von ihm geprägter, im Französischen sonst ungebräuchlicher Neologismus). Wenn dem Einen oder dem Anderen »nichts Menschliches fremd ist«, sollte ein Denken des Anderen oder ein Denken der Differenz eigentlich unmöglich sein.

Ich glaube, wir haben noch nicht ausgeschöpft, was die Vernunft für uns leisten könnte. Und ich möchte meine kartesianische Gesinnung hier nicht verleugnen, sehe ich doch in der Aufklärung das erste Morgenlicht, das uns die Geschichte schenkte. Doch unterdessen wurde die Vernunft zur Repräsentantin der Ordnung, der Herrschaft, des Logozentrismus gemacht. Für viele unserer Zeitgenossinnen liegt die einzige Rettung in einer überspitzten Verklärung für das, was sie Alterität nennen, in all ihren Formen: Jüdisch, schwarz, rot, gelb, weiblich, homosexuell, verrückt. Weit entfernt von der Vernunft (meinen sie die Narrenfreiheit?), »anders« – und stolz darauf.

Diesen Standpunkt haben sich die Galionsfiguren sowohl der Herrschenden wie der Beherrschten zu eigen gemacht. Das Gute findet sich jetzt nicht mehr in der Sphäre des Einen, des Männlichen, des Lichts, sondern in der Sphäre des Anderen, des Weiblichen, der Finsternis. Hoch soll also die Unvernunft leben, Leinen los auf allen Narrenschiffen, Karneval Alaaf, und so fort.

Noch nie wurde das Andere derart verherrlicht und gefeiert. Andere Kulturen, der Geist des Anderen, das weibliche Gehirn, das weibliche Schreiben, und so weiter – in den vergangenen Jahrzehnten durften wir das Andere sehr gründlich kennenlernen.

Ich weiß nicht, wem es eigentlich nützen wird, die Unterdrückten einem Trend zu überlassen, der sie immer ohnmächtiger macht, indem er ihnen die Befähigung zur Subjektwerdung nimmt, noch bevor sie sie voll erlangt haben. Ich würde doch sagen, dass wir nur auf etwas verzichten können, was uns schon gehört. Und ich würde die Vertreter der Herrschenden, ob von der Partei der Einen oder der Partei der Anderen, sehr gerne alle miteinander zum Teufel jagen.

Naivität, Schuldlosigkeit, Mangel an Zweifeln, die Gewissheit, dass alles entweder schwarz oder weiß ist, die Gewissheit, dass Unvernunft und Wahnsinn Oberwasser haben, wenn die Vernunft nicht souverän genug ist, der Glaube, wo ein Sein ist, müsse es, als eine Art Abfallprodukt, auch ein Nicht-Sein geben, und das Absurdeste von allem, als Reaktion auf diese Beweise und Gewissheiten das Bedürfnis und die Notwendigkeit ein »Recht auf Differenz« (ein Recht der Differenz) zu unterstützen und zu befürworten, in der völligen Verkehrung von Allem mit Lewis Carrolls Tweedledum und Tweedledee vergleichbar – all das sind Symptome dessen, was ich einmal aus schierer Verzweiflung das straighte Denken genannt habe. Die Geschlechter (Gender), die Geschlechterdifferenz, Mann, Frau, Ethnie, Schwarz, Weiß, die Natur, das sind seine Grundparameter. Sie haben unsere Begriffe, unsere Gesetze, unsere Institutionen, unsere Geschichte und unsere Kulturen zutiefst geprägt.

Sie glauben, für alles eine Antwort zu haben, wenn sie Metaphern anhand dieser Doppelparameter interpretieren, und gegen unsere Analyse wenden sie ein, dass es eine symbolische Ordnung gebe, als ob sie dabei von einer anderen Dimension sprechen würden, die nichts mit Herrschaft zu tun hätte. Aber leider ist für uns die symbolische Ordnung sehr wohl Teil derselben Realität wie die politische und wirtschaftliche Ordnung. In ihrer Realität gibt es ein Kontinuum, ein Kontinuum, in dem die Abstraktion der Materialität aufgezwungen wird, und so Körper und Geist derjenigen formen kann, die sie unterdrückt.

DIE PERSPEKTIVE: UNIVERSELL ODER SPEZIFISCH?

1980

Ich habe in diesem Text einige Reflexionen über das Schreiben und die Sprache versammelt, die sich sowohl auf das Werk von Djuna Barnes als auch auf meine eigene Arbeit beziehen. Sie entstanden, während ich an der Übersetzung von Djuna Barnes' Erzählungen *Eine Nacht mit den Pferden* arbeitete.

I

Allem voran muss gesagt werden, dass es keine »écriture féminine«, kein »weibliches Schreiben« gibt, und dass es falsch ist diesen Ausdruck zu verwenden und zu verbreiten: Was soll am »weiblichen Schreiben« »weiblich« sein? Es steht für die Frau, verknüpft also eine Praxis mit einem Mythos, dem Mythos der Frau. »Frau« kann nicht mit dem Schreiben in Verbindung gebracht werden, da »Frau« eine »imaginäre Formation« und keine konkrete Realität ist. Es ist dieses alte, vom Feind aufgedrückte Label, das nun wie eine wiedergefundene und harterkämpfte zerfetzte Flagge hochgehalten wird. Die »écriture féminine« stellt die naturalisierende Metapher für die brutale politische Realität der Herrschaft über Frauen dar und erweitert das Instrumentarium, unter dem sich »Feminität« präsentiert: Differenz, Spezifität, Körper/weiblich/Natur. Durch seine angrenzende Position wird das

»Schreiben« von der Metapher vom »weiblichen Schreiben« gekapert und daher nicht mehr als Arbeit und Produktionsprozess wahrgenommen, da die Worte »Schreiben« und »weiblich« kombiniert werden, um eine Art von biologischer Produktion, die typisch für die »Frau« ist, zu bezeichnen, eine natürliche Absonderung der »Frau«.

»Écriture féminine« ist somit gleichbedeutend mit der Aussage, Frauen seien kein Teil der Geschichte und Schreiben sei keine materielle Produktion. Die (neue) Feminität, das weibliche Schreiben und das Loblied auf die Differenz sind die Gegenreaktion auf eine politische Strömung, die sich schon früh dafür eingesetzt hat, die Geschlechterkategorien in Frage zu stellen, die beiden großen Kategorisierungsachsen der Philosophie und der Sozialwissenschaften. Wie immer, wenn etwas Neues zu Tage tritt, wird es umgehend interpretiert und in sein Gegenteil verkehrt. Weibliches Schreiben, das ist wie Haus und Herd.

II

Das Genus, das grammatische Geschlecht, ist der linguistische Index der politischen Opposition zwischen den Geschlechtern. Genus wird hier im Singular verwendet, da es tatsächlich keine zwei Genera gibt, sondern nur eines: das Femininum. Das »Maskulinum« ist kein Genus, es ist das Allgemeine. Folglich gibt es nur das Allgemeine und das Femininum, genauer gesagt, das Allgemeine und das Kennzeichen des Femininums. Dies veranlasst Nathalie Sarraute zu der Aussage, sie könne das Femininum nicht benutzen, wenn sie das, worüber sie schreibe, verallgemeinern (und nicht spezifizieren) wolle. Und da es in ihrem

Werk genau darum geht, von einem konkreten Material ausgehend zu abstrahieren, ist die Verwendung des Femininums häufig nicht möglich, da seine bloße Präsenz wegen der *a priori* Analogie zwischen weiblichem Genus/Geschlecht/Natur die Bedeutung verfälscht. Einzig das Maskulinum als Allgemeines ist das Abstrakte. Das Femininum ist nur das Konkrete (das Geschlecht in der Sprache). Djuna Barnes wagt das Experiment, das Femininum zu universalisieren (und es gelingt ihr). (Wie Proust macht sie keinen Unterschied im Umgang mit männlichen und weiblichen Figuren.) Indem sie so vorgeht, schafft sie es, dem weiblichen grammatischen Geschlecht den »Geruch des Brütens« zu nehmen, um Baudelaires Wort über die Dichterin Marceline Desbordes-Valmore zu zitieren. Djuna Barnes hebt die Genera auf, indem sie sie obsolet macht. Für mich geht es darum, sie zu eliminieren. Das ist die lesbische Perspektive.

III

Die Signifikate des Diskurses aus dem 19. Jahrhundert haben die textuelle Realität unserer Zeit so durchtränkt, dass sie einen Sättigungspunkt erreicht haben. Dann wurde »der Geist des Mißtrauens geboren.«[45] Dann »sind [wir] in das Zeitalter des Mißtrauens eingetreten.«[46] Der »Mann« hat derart an Boden verloren, dass er kaum noch als Subjekt des Diskurses erkennbar ist. Heute fragt man sich: Was ist *das* Subjekt? Das allgemeine Debakel, dass auf die Infragestellung der Bedeutung folgte, ermöglicht es sogenannten Minoritätenautorïnnen, das privilegierte (Schlacht-) Feld der Literatur zu betreten, auf dem sich die Versuchsanordnungen, sich als Subjekt zu konstituieren, gegenüberstehen. Seit Proust wissen wir, dass das literarische Experiment eine beliebte Möglichkeit ist, um ein Subjekt hervorzubringen. Dieses Experiment ist die höchste Form der subjektiven Praxis, eine kognitive Praxis des Subjekts. Nach Proust war das Subjekt nie wieder das gleiche, denn über die gesamte *Suche nach der verlorenen Zeit* hinweg machte er »homosexuell« zur Kategorisierungsachse, von der ausgehend universalisiert wird. Das minoritäre Subjekt ist nicht egozentrisch wie das straighte Subjekt. Seine Ausdehnung im Raum ließe sich als Pascal'scher Kreis beschreiben, dessen Mittelpunkt überall und dessen Umfang nirgends ist. Das erklärt den Ansatzpunkt, von dem aus sich Djuna Barnes ihrem Text nähert – eine permanente Verschiebung, die während der Lektüre so ähnlich wirkt wie die Wahrnehmung aus dem Augenwinkel – der Text wirkt durch Brüche. Er ist Wort für Wort von jener »Entfremdung« gekennzeichnet, die Barnes in all ihren Figuren wiedergibt.

IV

Alle Minoritätenautorïnnen (die sich dessen bewusst sind) betreten das Feld der Literatur als Quereinsteigerïnnen, wenn ich das so sagen darf. Die großen Probleme in der Literatur, mit denen sich ihre Zeitgenossïnnen auseinandersetzen, werden von ihnen abgesteckt. Formale Probleme faszinieren sie genauso wie straighte Autorïnnen, aber ihrem Thema haben sie sich mit Leib und Seele verschrieben – »das, was einen geheimen Namen erfordert«, »das, was nicht wagt, seinen Namen zu nennen«, das, was sich überall finden lässt und nie aufgeschrieben wird. Einen Text zu schreiben, der unter anderem von Homosexualität handelt, ist ein Wagnis; er geht das Risiko ein, dass das Thema als formales Element jederzeit die Bedeutung überlagern, sich aller Bedeutung bemächtigen kann, entgegen der Absicht der Autorïn, die vor allem ein literarisches Werk schaffen will. Daher ist sich der Text, der eine solche Thematik verhandelt, gewahr, dass einer seiner Teile für das Ganze, ein Textelement für den ganzen Text genommen wird, so dass das Buch zum Symbol, zum Manifest wird. Wenn dies geschieht, hört der Text auf, auf der literarischen Ebene zu wirken, er fällt in dem Sinne der Geringschätzung anheim, dass er nicht mehr im Zusammenhang mit ebenbürtigen Texten betrachtet wird. Er wird zu einem engagierten Text, der ein soziales Thema behandelt und die Aufmerksamkeit auf ein soziales Problem lenkt. Wenn dies mit einem Text geschieht, wird er von seinem primären Ziel abgelenkt: die textuelle Realität zu verändern, in die er sich einschreibt. Im Grunde genommen wird er aufgrund seiner Thematik aus der textuellen Realität ausgeschlossen, erhält keinen Zugang mehr, wird aus ihr verbannt (häufig wird er einfach mit Schweigen gestraft oder nicht nachgedruckt), er wirkt nicht mehr als Text im Verhältnis zu anderen Texten aus Vergangenheit oder Gegenwart. Er interessiert nur noch Homosexuelle. Als symbolisch verstanden oder von einer politischen Gruppe vereinnahmt, verliert er seine Polysemie und wird univok. Dieser Bedeutungsverlust und der mangelnde Einfluss auf die textuelle Realität verhindern, dass der Text das einzige politische Potenzial einlöst, das er besitzt: das, was er verkörpert, in literarisierter Form in das textuelle Gewebe der Zeit einzuführen. Zweifellos liegt Djuna Barnes Befürchtung, Lesben könnten sie zu *ihrer* Schriftstellerin erklären und ihr Werk so auf eine Dimension reduzieren, hierin begründet. Auch wenn Djuna

Barnes in erster Linie von einem lesbischen Publikum rezipiert wird, dürfen wir sie auf keinen Fall auf die lesbische Minorität reduzieren und beschränken. Damit würden wir weder ihr noch uns einen Gefallen erweisen, denn ihr Werk entfaltet sowohl für sie als auch für uns seine Wirkung am besten in der Literatur.

V

Es gibt Texte, die aufgrund ihrer Erscheinungsweise als auch der Art, wie sie sich in die literarische Realität einschreiben, von größtmöglicher strategischer Bedeutung sind. Dies gilt für das gesamte Werk von Barnes, dass in dieser Hinsicht wie ein einziger Text funktioniert, denn *Ryder, Ladies Almanach, Leidenschaft* und *Nachtgewächs* sind durch Korrespondenzen und Permutationen verbunden. Barnes' Schreiben zeichnet sich dadurch als einzigartig aus, dass es kein Vorbild hat und dort, wo vor ihm nichts war, wie eine Bombe einschlägt. Wort für Wort muss es sich so seinen eigenen Kontext erschaffen und mit nichts gegen alles antreten. Ein Text von einer Minoritätenautorïn ist nur wirksam, wenn er seine minoritäre Perspektive zu universalisieren vermag, also nur, wenn er ein bedeutender literarischer Text ist. *Auf der Suche nach der verlorenen Zeit* ist ein Monument der französischen Literatur, *obwohl* die Homosexualität *das* große Thema ist. Das literarische Werk von Barnes ist bedeutend, *obwohl* es hauptsächlich vom Lesbianismus handelt. Zum einen transformierte das Schaffen dieser beiden Schriftstellerïnnen die textuelle Realität ihrer Zeit, wie es jede wichtige Arbeit tun sollte. Als das Werk von Angehörigen einer Minorität gelingt es ihren Texten außerdem, die Perspektive, die die Kategorisierung der soziologischen Realität ihrer Gruppe betrifft, zu verändern, und zumindest ihre Existenz zu affirmieren. Wie viele homosexuelle oder lesbische Figuren wurden vor Barnes und Proust in der Literatur im Allgemeinen thematisiert? Was gibt es in der Literatur zwischen Sappho und *Ladies Almanach* oder *Nachtgewächs* von Barnes? Nichts.

VI

Aus einer minoritären Perspektive betrachtet war für Djuna Barnes das Werk Prousts, auf den sie in *Ladies Almanach* Bezug nimmt, der besondere Kontext. Djuna Barnes selbst ist unser Proust (und nicht Gertrude Stein). Jedoch wurden die Werke von Proust und Barnes sehr unterschiedlich behandelt: Während das von Proust immer erfolgreicher wurde und heutzutage als Klassiker gilt, tauchte das von Barnes blitzartig auf, um dann wieder zu verschwinden. Barnes Werk ist kaum bekannt und wird in Frankreich nicht wahrgenommen, genauso wenig wie in den USA. Trotzdem ist Barnes strategisch wichtiger ist als Proust. Und zunehmend vom Verschwinden bedroht. Sappho ist ebenfalls verschwunden. Nicht aber Platon. Es lässt sich gut erkennen, was auf dem Spiel steht und was »der geheime Name« ist, den Djuna Barnes selbst verabscheut. Sodom ist mächtig und unvergänglich, sagte Colette, und Gomorrha existiert nicht. Das Gomorrha von *Ladies Almanach*, von *Nachgewächs*, von »Löschung« und »La Grande Malade« in *Leidenschaft* ist ein eklatantes Dementi dessen, was Colette in Abrede stellte, denn was geschrieben ist, *ist*. »Hebt den Dachbalken hoch, ihr Zimmerleute,/ denn hier kommt die lesbische Dichterin,/ erhebt sich über die Anderen inmitten fremder Rivalen.«[47] Diese Dichterin hat im Allgemeinen

einen harten Kampf zu führen, da sie sich Schritt für Schritt, Wort für Wort ihren eigenen Kontext in einer Welt erschaffen muss, die, sobald sie auftaucht, alles daransetzt, sie zum Verschwinden zu bringen. Dieser Kampf ist hart, weil sie ihn an zwei Fronten zugleich führen muss: Auf der formalen Ebene mit den Elementen, die zu diesem Zeitpunkt literaturgeschichtlich relevant sind und auf der begrifflichen Ebene gegen das Es-versteht-sich-von-selbst des straighten Denkens.

VII

Wir wollen das Wort *Buchstabe* [letter] für das nehmen, was man gemeinhin als Signifikant bezeichnet, und das Wort *Bedeutung* [meaning] anstelle von Signifikat verwenden (so dass das Zeichen [sign] eine Kombination aus Buchstabe und Bedeutung darstellt). Die Verwendung der Worte *Buchstabe* und *Bedeutung* anstelle von *Signifikat* und *Signifikant* ermöglicht es uns, eine vorschnelle Beeinflussung des Referenten im Wortschatz des Zeichens zu vermeiden. (Da *Signifikat* und *Signifikant* das Zeichen im Hinblick auf die referenzierte Realität beschreiben, wohingegen *Buchstabe* und *Bedeutung* das Zeichen allein in Bezug auf die Sprache beschreiben.) In der Sprache ist einzig die Bedeutung abstrakt. In einer experimentellen literarischen Arbeit können sich Buchstabe und Bedeutung im Gleichgewicht befinden. Manchmal aber wird die Bedeutung vollkommen vom Buchstaben verdrängt (in einem »reinen« literarischen Experiment), oder es geht vor allem um die Produktion von Bedeutung. Wie Roland Barthes betont hat, kann es selbst im Falle eines »reinen« literarischen Experiments dazu kommen, dass bestimmte Bedeutungen derartig überdeterminiert werden, dass – ohne Zutun der Autorïnnen – der Buchstabe zur Bedeutung und der Signifikant zum Signifikat wird. Für minoritäre Autorïnnen bleibt die Bedeutung eine Bedrohung, selbst wenn sie sich an formale Experimente wagen: Was für sie ein rein formales Element, ein Thema in ihrer Arbeit ist, drängt sich straighten Leserïnnen als *alleinige* Bedeutung auf. Das liegt aber auch daran, dass der Gegensatz zwischen Buchstabe und Bedeutung, zwischen Signifikant und Signifikat außerhalb einer sezierenden Beschreibung der Sprache keine *Raison d'Être* besitzt. In der Sprachpraxis sind Buchstabe und Bedeutung nicht voneinander zu trennen. Für mich besteht denn auch die Schreibpraxis in einer andauernden Reaktivierung von Buchstabe und Bedeutung, denn wie der Buchstabe verschwindet auch die Bedeutung. Unaufhörlich.

VIII

Für eine Schriftstellerïn ist die Sprache ein besonderes Material (im Unterschied zu dem von Malerïnnen oder Musikerïnnen), da sie primär anderen Zwecken dient als dem künstlerischen Ausdruck und dem Finden von Formen. Die Sprache dient allen Menschen jederzeit, sie dient dem Sprechen und der Kommunikation. Sie ist ein besonderes Material, weil sie zugleich Ort, Mittel und Medium ist, in dem Bedeutung zum Vorschein kommt. Doch die Bedeutung entzieht die Sprache dem Blick. Die Sprache ist, wie der entwendete Brief in der Erzählung von Poe, ganz offenkundig da, jedoch vollkommen unsichtbar. Denn wir sehen und hören nur die Bedeutung. Ist Bedeutung also nicht Sprache? Doch, sie ist Sprache, aber in ihrer sichtbaren materiellen Gestalt ist Sprache

Form, Buchstabe. Die Bedeutung ist nicht sichtbar und liegt dem Anschein nach außerhalb der Sprache (manchmal wird sie mit dem Referenten verwechselt, wenn es um den »Inhalt« geht). Im Grunde ist Bedeutung Sprache, sie ist jedoch unsichtbar, da sie ihre Abstraktion ist. Dessen ungeachtet hört und sieht man im alltäglichen Sprachgebrauch *nur* die Bedeutung. Das liegt daran, dass der Sprachgebrauch ein sehr abstrakter Vorgang ist, bei dem stets die Form verschwindet, wenn Bedeutung produziert wird. Sobald Sprache eine Form annimmt, verliert sie sich in der wörtlichen Bedeutung. Nur indem sie sich verdoppelt, eine figurative Bedeutung annimmt, kann sie abstrakt als Sprache wieder erscheinen. Das ist mithin die Aufgabe der Schriftstellerïnnen – sich dem Buchstaben, dem Konkreten, dem Sichtbaren der Sprache, ihrer materiellen Form zuzuwenden. Seitdem die Sprache als Material wahrgenommen worden ist, haben Schriftstellerïnnen sie akribisch Wort für Wort bearbeitet. Diese Arbeit ganz eng am Wort und am Buchstaben reaktiviert die Wörter in ihrer Disposition und verleiht wiederum der Bedeutung ihren vollen Sinn: In der Praxis lässt dieses Vorgehen in den meisten Fällen statt Eindeutigkeit etwas ganz anderes zum Vorschein kommen: Polysemie.

Wie auch immer ich mich als Schriftstellerïn in der Praxis entscheide, auf begrifflicher Ebene gibt es keine Alternative – jedenfalls, wenn man zur Literatur gehören will, muss man sowohl eine spezifische wie *auch* eine universelle Perspektive einnehmen. Das heißt: Man muss auf das Allgemeine hinarbeiten, selbst wenn man von einer individuellen oder spezifischen Perspektive ausgeht. Das gilt für straighte Autorïnnen. Und gleichermaßen für minoritäre.

Das trojanische Pferd

1984

Zuerst finden die Trojaner dieses Holzpferd sehr befremdlich. Unpassend, unförmig, barbarisch. Himmelragend wie ein Berg. Doch dann, nach und nach, bemerken sie vertraute Formen, die mit denen eines Pferdes übereinstimmen. Auch die Trojaner waren mit sehr vielen Formen vertraut, teils widersprüchlichen, die man zusammensetzen und zu einem Pferd aufbauen konnte, denn sie besaßen eine alte Kultur. Das von den Griechen gebaute Pferd ist zweifellos auch für die Trojaner eines, selbst wenn sie es noch immer misstrauisch beäugen. Barbarisch seiner schieren Größe, aber auch seiner Formen wegen, zu grobschlächtig für jene, die Vergil die Effeminierten nannte. Später finden sie Gefallen an der klaren Schlichtheit, die sie für Raffinesse halten. Jetzt sehen sie die vielen Feinheiten, unter einer rauen Schale verborgen. Sie erkennen das Werk, das sie für formlos hielten, als stark und kraftvoll an. Dann wollen sie es sich zu eigen machen, es als Denkmal in ihren Mauern bergen, ein geschenktes Ding, dessen Zweck ganz allein es selbst ist. Aber was, wenn es eine Kriegsmaschine wäre?

Jedes bedeutende literarische Werk ist zum Zeitpunkt seiner Produktion ein Trojanisches Pferd. Jedes Werk mit einer neuen Form funktioniert als Kriegsmaschine, denn seine Machart und sein Zweck zielen darauf, alte Formen und formale Konventionen zu pulverisieren. Seine Produktion findet immer auf feindlichem

Gebiet statt. Und je befremdlicher es erscheint, andersartig, unintegrierbar, desto länger dauert es, bis man das Trojanische Pferd akzeptiert. Wird es schließlich doch angenommen, wenn auch nur langsam, dann wirkt es wie eine Sprengladung. Es laugt den Boden, in den es gepflanzt wurde, aus und sprengt ihn auf. Die allen geläufigen alten literarischen Formen erweisen sich dann als veraltet, untauglich und nicht anpassungsfähig.

Wenn ich sage, ein literarisches Werk könne auf seine Zeit wirken wie eine Kriegsmaschine, meine ich damit nicht die engagierte Literatur. Engagierte Literatur und *écriture féminine* sind beides mythische Konstrukte, die wie Mythen im Sinne von Roland Barthes funktionieren. Als solche streuen sie den Leuten Sand in die Augen, indem sie in ein und demselben Prozess zwei Vorgänge amalgamieren, die nicht die gleiche Art von Beziehung zum Realen und zur Sprache haben. Ich rede also nicht der Moral das Wort. (Zum Beispiel sollte Literatur nicht dem Engagement untergeordnet werden, denn was würde mit einer Schriftstellerïn passieren, wenn die Gruppe, die sie vertritt, oder für die sie spricht, nicht mehr unterdrückt würde? Hätte die Schriftstellerïn dann nichts mehr zu sagen? Oder was wäre, wenn das Werk der Schriftstellerïn von dieser Gruppe verboten würde?) Es handelt sich nicht um eine ethische, sondern um eine praktische Frage. Wenn man über Literatur spricht, muss man alle irgendwie beteiligten Elemente im Blick haben. Literarische Arbeit kann nicht auf unmittelbare Weise von Geschichte, Politik und Ideologie beeinflusst werden, weil diese Bereiche zu parallelen Zeichensystemen gehören, die im sozialen Korpus unterschiedlich funktionieren und Sprache je anders verwenden. Sobald es um Sprache geht, sehe ich eine Reihe von Phänomenen, deren Hauptmerkmal ihre völlige Heterogenität ist. Die erste irreduzible Heterogenität betrifft Sprache und ihre Beziehung zur Wirklichkeit. Mein Hauptthema hierbei ist die Heterogenität sprachgebundener sozialer Phänomene, wie Geschichte, Kunst, Ideologie, Politik. Oft wird versucht, diese so lange gewaltsam miteinander zu vermischen, bis sie mehr oder weniger unseren Vorstellungen von dem entsprechen, was sie sein sollten. Wenn ich sie aber getrennt betrachte, dann stelle ich fest, dass unter dem Begriff *engagierte Literatur* Phänomene zusammengeworfen werden, die ihrem Wesen nach verschieden sind. Sie hebeln sich dadurch gewissermaßen gegenseitig aus. Geschichte und Politik fußen auf der Sozialgeschichte, aber die Arbeit einer Schriftsteller'in beruht auf der Literaturgeschichte, also einer Geschichte der Formen. Im Zentrum von Geschichte und Politik steht der soziale Körper, konstituiert durch das Volk. Im Zentrum der Literatur stehen Formen, konstituiert durch Werke. Selbstverständlich sind Menschen und Formen nicht austauschbar. Die Geschichte bezieht sich auf Menschen, die Literatur bezieht sich auf Formen.

Das erste Element, das einer Schriftsteller'in zur Verfügung steht, ist das riesige Korpus an Literatur aus Vergangenheit und Gegenwart – wieviel es da gibt, wird zu leicht vergessen. Die moderne Theorie und Sprachwissenschaft haben das Thema literarischer Formen inzwischen umfänglich erschlossen und aufgeklärt. Ich denke dabei an die russischen Formalisten, den *Nouveau Roman*, Roland Barthes, Gérard Genette, die Texte der Gruppe Tel Quel. Über den Stand der Dinge in der amerikanischen Kritik weiß ich nur wenig, aber Edgar Allen Poe, Henry

James und Gertrude Stein haben über dieses Thema geschrieben. Tatsächlich hat man in seiner Arbeit nur zwei Möglichkeiten – bestehende Formen zu reproduzieren oder neue zu schaffen. Eine andere Möglichkeit gibt es nicht. In Frankreich hat sich hierzu keine Autorin so eingehend geäußert wie Nathalie Sarraute, in den Vereinigten Staaten tat dies Gertrude Stein.[48]

Das zweite einer Schriftstellerïn zur Verfügung stehende Element ist der Rohstoff, die Sprache selbst, an sich ein Phänomen, das sich sowohl von der Wirklichkeit als auch von ihren eigenen Produkten unterscheidet. Wenn man sich das Trojanische Pferd als Statue vorstellt, als Form mit bestimmten Ausmaßen, dann wäre es sowohl ein materieller Gegenstand als auch eine Form. Genau so funktioniert das Trojanische Pferd des Schreibens, nur auf kompliziertere Weise, denn das verwendete Material ist Sprache, also Form und Materie zugleich. Im Schreiben sind Worte alles. Viele Schriftstellerinnen und Schriftsteller haben es gesagt und nochmal gesagt, viele sagen es noch immer, und ich sage es jetzt – Worte sind alles im Schreiben. Wenn man nicht schreiben kann, dann ist das Problem nicht, wie oft gesagt wird, dass man seine Ideen nicht auf den Punkt bringen kann. Es liegt daran, dass man die eigenen Worte nicht findet – ein alltägliches Problem für Schreibende. Die Worte liegen da, um von Schriftstellerïnnen als Rohstoff aufgegriffen zu werden, so wie Ton allen Bildhauerïnnen zur Verfügung steht. Jedes einzelne Wort ist wie das Trojanische Pferd. Sie sind Dinge, materielle Dinge, die zugleich etwas bedeuten. Und weil sie etwas bedeuten, sind sie auch abstrakt. Sie sind ein Kondensat von Abstraktion und Konkretion, und darin völlig unterschieden von allen anderen Medien, mit denen Kunst gemacht wird. Farben, Steine, Ton haben keine Bedeutung, die Töne der Musik haben keine Bedeutung, und wenn sie in eine Form gebracht werden, schert sich in den allermeisten Fällen niemand um die Bedeutung, die sie dann haben. Man erwartet nicht, dass ihre Bedeutung relevant sein könnte. Man erwartet nicht, dass sie überhaupt etwas bedeuten. Aber wenn etwas aufgeschrieben wird, dann muss es etwas bedeuten. Selbst bei Gedichten wird Bedeutung erwartet. Ganz gleich, ebenso wie eine Malerin, Bildhauerin oder Musikerin ist eine Schriftstellerin für ihre Arbeit auf Rohstoff angewiesen.

Die Frage nach Sprache als Rohstoff ist nicht zu unterschätzen, kann sie doch unser Verständnis dafür schärfen, wie anders Geschichte und Politik mit Sprache umgehen. In Geschichte und Politik werden Wörter in ihrer konventionellen Bedeutung verwendet. Und sie werden nur ihrer Bedeutung wegen verwendet, also in ihrer abstrakteren Form. In der Literatur hingegen sind Wörter in ihrer Materialität zu lesen. Es gilt zu verstehen, dass eine Schriftsteller'in zu diesem Zweck die Sprache zunächst so weit wie möglich von Bedeutung befreien muss, um sie in ein neutrales Material, also einen Rohstoff, zu verwandeln. Erst dann kann man Worte in eine Form bringen. (Das bedeutet nicht, dass das fertige Werk keinerlei Bedeutung hat, sondern dass Bedeutung durch die Form der bearbeiteten Wörter entsteht.) Eine Schriftsteller'in muss jedes Wort nehmen und es seiner alltäglichen Bedeutung berauben, um mit und an Worten arbeiten zu können. Der russische Formalist Viktor Šklovskij beschrieb oft, wie die Menschen aufhören, die sie umgebenden verschiedenen Objekte zu sehen, die Bäume, die Wolken, die Häuser. Sie erkennen sie lediglich, ohne sie wirklich zu sehen. Und er sagte, es sei die Aufgabe einer Schriftstellerïn, diese erste kraftvolle Vision der Dinge – im Gegensatz zu ihrer alltäglichen Wahrnehmung – neu zu erschaffen. Sein Irrtum lag darin, dass eine Schriftstellerin tatsächlich eine Vision neu erschafft, jedoch die erste kraftvolle Vision der *Worte*, nicht der Dinge. Als Schriftstellerin wäre ich begeistert, wenn jedes meiner Worte auf die Leserin die gleiche Schockwirkung hätte, als würde sie es zum ersten Mal lesen. Ich nenne es den Hieb der Worte. Als Leserin erlebe ich es oft, dass Autorïnnen mir einen derartigen Schock versetzen, und mir so begreiflich machen, was Worte bewirken.

Ich will damit sagen, dass die Schockwirkung der Worte in der Literatur nicht von den Ideen herrührt, die sie vermitteln sollen, denn eine Schriftstellerin hat es zunächst mit einem festen Körper zu tun, der auf die eine oder andere Weise bearbeitet werden muss. Und um auf unser Pferd zurückzukommen: Wenn man eine perfekte Kriegsmaschine bauen will, muss man sich der Illusion begeben, die Form von Worten könne durch Fakten, Taten oder Ideen bestimmt werden. Es läuft über einen Umweg, denn Worte vermitteln ihre Schockwirkung durch Assoziation, ihre Stimmung, ihre Anordnung, aber auch als einzelne, wenn sie einzeln verwendet werden. Der Umweg bedeutet Arbeit, Arbeit mit Worten, die man bearbeitet, wie man ein jegliches Material bearbeitet, um es in etwas anderes, ein Produkt zu verwandeln. Diesen Umweg kann man sich in der Literatur nicht ersparen, der Umweg macht die Literatur aus.

Ich sagte bereits, Geschichte habe mit Menschen zu tun, Literatur hingegen mit Formen. Aber die Geschichte als Disziplin verwendet, wie alle Disziplinen, die Sprache, um zu kommunizieren, zu schreiben und zu lesen, zu verstehen und zu lernen. Geschichte, Ideologie und Politik stellen das so verwendete Medium nicht in Frage. Ihr Reich ist das Reich der Ideen, das gegenwärtig als von der Sprache losgelöst betrachtet wird und direkt dem Geist entspringt. Diese Disziplinen beruhen noch immer auf der klassischen Trennung von Körper und Geist. Selbst in der marxistischen und postmarxistischen Tradition gibt es einerseits die materielle Ordnung der Ökonomie, und andererseits Ideologie und Politik, die als »Überbau« gelten. Sie analysieren Sprache nicht als Form direkter Machtausübung. In dieser Konzeption sind Sprache und Kunst ein Teil des sogenannten Überbaus. Beide sind Teil der Ideologie und drücken als solche nichts anderes als die »Ideen« der herrschenden Klasse aus. Ohne eine kritische Neubewertung der Funktionsweise von Sprache, sowohl im Bereich der Ideologie als auch in der Kunst, verbleiben wir also in dem, was die marxistische Schule »Idealismus« nennt. Form und Inhalt korrelieren mit der Trennung von Körper/Geist, die auf die Wörter der Sprache, aber auch auf Ensembles, also literarische Werke, angewandt wird. Die Linguisten sprechen von Signifikant und Signifikat, was auf dieselbe Unterscheidung hinausläuft.

In der Literatur kommen die Worte jedoch als Ganzes zu uns zurück. Durch die Literatur können wir also etwas lernen, was in allen anderen Bereichen nützlich sein sollte: Bei Worten können Form und Inhalt nicht getrennt werden, weil sie an derselben Form teilhaben, nämlich der Form eines Wortes, einer materiellen Form.

Eines der besten Beispiele für eine Kriegsmaschine mit verzögerter Wirkung ist das Werk Prousts. Zuerst dachten alle, es handele sich nur um einen *roman à clef*, einen Schlüsselroman mit minutiösen Beschreibungen der Pariser High Society. Einige Schlauköpfe versuchten fieberhaft, den Figuren echte Namen zu verpassen. Aber dann mussten sie in einem zweiten Durchgang sämtliche Namen von Frauen durch die Namen von Männern ersetzen, weil sich herausstellte, dass die meisten Frauen in dem Buch in Wirklichkeit Männer waren. Sie mussten also mit der Tatsache klarkommen, dass ein Großteil der Figuren Homosexuelle waren. Da es sich bei den Namen um Codes für reale Personen handelte, mussten sie in ihre scheinbar normale Welt zurückblicken und sich fragen, wer von ihnen einer war, wie viele von ihnen es waren, ob es am Ende alle waren. Am Ende der *Suche nach der verlorenen Zeit* ist es vollbracht. Proust hat die »reale« Welt in eine rein homosexuelle Welt verwandelt. Es beginnt mit Gruppen junger Männer, die die Botschaften bevölkern, und sich um ihre Vorgesetzten scharen wie die Zofen um Racines Königin Esther. Dann kommen die Herzöge, die Prinzen, die verheirateten Männer, die Diener, die Chauffeure und Lieferanten. Am Ende sind alle homosexuell. Es gibt sogar ein paar Lesben, und Colette warf Proust vor, Gomorrha verherrlicht zu haben. Sogar Saint-Loup, Inbegriff des galanten Frauenhelden, entpuppt sich als schwul. Im letzten Buch beschreibt Proust den Aufbau des gesamten Werks, und dass Schreiben für ihn auch die Herstellung eines bestimmten Subjekts bedeutet, die Konstitution des Subjekts. So werden Figuren und bestimmte situative Beschreibungen durch viele Schichten hindurch präpariert, um nach und nach ein Subjekt aufzubauen, das zum ersten Mal in der Literaturgeschichte ein homosexuelles ist. Der Triumphgesang der *Recherche* erlöst auch Charlus.

Denn in der Literatur, so glaube ich, greift die Geschichte auf der individuellen und subjektiven Ebene ein und manifestiert sich in der spezifischen Perspektive von Schriftstellerïnnen. Diese Perspektive zu universalisieren ist dann eine ihrer der wichtigsten strategischen Herausforderungen. Zugleich bedarf das Schreiben eines literarischen Werks einer gewissen Bescheidenheit, denn man muss wissen, dass es nicht ausreicht, schwul oder dergleichen zu sein. Denn das Bewusstsein kann Realität nicht direkt in ein Buch übertragen. Die Universalisierung einer jeden Perspektive erfordert eine besondere Aufmerksamkeit für jene formalen Elemente, die sich der Geschichte öffnen können, wie bestimmte Inhalte, narrative Figuren, sowie die allgemeine Form des Werks. Dieser Versuch einer Universalisierung der Perspektive macht ein literarisches Werk zu einer Kriegsmaschine – oder auch nicht.

Genus stigmosus

1985

I

In den Augen der Grammatiker zeichnet das Genus vor allem Substantive. Sie diskutieren das grammatische Geschlecht hinsichtlich seiner Funktion. Fragt man nach seiner Bedeutung, nennen sie das Genus vielleicht scherzhaft ein »fiktives Geschlecht«. Deshalb gilt das Englische, zumal im Vergleich zum Französischen, als nahezu geschlechtslos, wohingegen das Französische als sehr geschlechtsspezifische Sprache gilt. Streng genommen stimmt es, dass das Stigma des Genus unbelebten Objekten, Dingen oder nichtmenschlichen Wesen im Englischen erspart bleibt. Was hingegen die Kategorien der Person betrifft, so sind beide Sprachen gleichermaßen Überträger des Genus. So fügen sich beide einem primitiven ontologischen Konzept, das der Sprache eine Einteilung der Wesen in Geschlechter aufzwingt. Das »fiktive Geschlecht« der Substantive oder ihr Neutrum sind nur zufällige Ausprägungen dieses ersten Prinzips und als solche noch relativ harmlos.

In Bezug auf Personen manifestiert sich das Genus im Englischen und Französischen auf gleiche Weise. Obwohl es ein lexikalisches Phänomen ist, betrifft das grammatische Geschlecht nicht nur die Grammatik. Als ontologischer Begriff, der sich mit der Natur des Seins befasst, scheint es, mitsamt einem Dunstkreis anderer primitiver Begriffe der gleichen Denkrichtung, in erster Linie der Philosophie anzugehören. Die Grammatik, deren Aufgabe es ist, Formen und Funktionen zu beschreiben, nicht aber sie zu begründen, stellt seine Raison d'Être nie in Frage. Auch in der Philosophie wird es nicht mehr hinterfragt, weil es zu den selbstverständlichen Begriffen gehört, ohne die man in der Philosophie keinen klaren Gedanken fassen zu können glaubt, und die für sie unhinterfragbar sind, weil sie vor jedem Gedanken, vor jeder sozialen Ordnung, in der Natur existieren. Daher bezeichnet man das Genus auch als eine Art Symbol, als lexikalische Delegation der »Gattungswesen«. Weil ihnen bewusst ist, dass der Begriff (grammatisches) Geschlecht nicht so harmlos ist, wie er scheinen mag, verwenden amerikanische Feministinnen den Begriff soziales Geschlecht oder Gender als soziologische Kategorie und machen damit deutlich, dass an dem Begriff nichts Natürliches dran ist, da die Geschlechter politische Kategorien sind, künstliche Konstrukte – Kategorien der Unterdrückung. Sie haben deshalb den Begriff *Gender* aus der Grammatik abgeleitet und überblenden damit die Begriffe Geschlecht/Sex. Und sie haben insofern Recht, als das Genus der sprachliche Index des politischen Gegensatzes zwischen den Geschlechtern und der Beherrschung von Frauen ist. Genauso wie Geschlecht – Mann und Frau – ist Gender als Begriff ausschlaggebend für den politischen Diskurs des heterosexuellen Gesellschaftsvertrags.

Selbst jene Disziplinen moderner Theoriebildung, die sich ausschließlich mit Sprache befassen, bleiben in ihren Grundvoraussetzungen bei der klassischen Unterteilung in die konkrete Welt einerseits und die abstrakte Welt andererseits. Die physische oder soziale Realität und die Sprache sind voneinander abgekoppelt. Abstraktion, Symbole, Zeichen gehören nicht zum Realen. Auf der einen Seite ist das Reale, der Referent, und auf der anderen Seite die Sprache. Als ob die Beziehung zur Sprache nur eine Beziehung der Funktion und nicht eine der Transformation wäre. Manchmal werden Signifikat und Referent verwechselt, manche theoretischen Werke verwenden sie sogar synonym. Oder es kommt zu einer Reduktion des Signifikats auf eine Reihe von Botschaften, wobei die Weitergabe von Referenz der alleinige Träger von Bedeutung bleibt. In den Sprachwissenschaften scheint mir der Russe Bachtin, ein Zeitgenosse der russischen Formalisten, dessen Werk endlich übersetzt wurde, der einzige zu sein, der einen streng materialistischen Blick auf die Sprache beibehält. In der Soziolinguistik gibt es mehrere Entwicklungen in diese Richtung, vor allem unter Feministinnen.[49]

Meiner Meinung nach wirken aber selbst abstrakte philosophische Kategorien auf das Reale als Soziales ein. Die Sprache wirft Schatten der Realität auf den sozialen Körper, prägt und formt ihn gewaltsam. Beispielsweise werden die Körper sozialer Akteure durch abstrakte Sprache ebenso geformt wie durch nicht-abstrakte Sprache. Denn das Reale wird durch die Sprache geformt: Sprache wirkt formgebend auf das Reale ein. Sande Zeig zufolge sind soziale Gesten das Ergebnis dieses Phänomens.[50]

In Bezug auf Gender ist es daher nicht nur von größter Bedeutung, eine soziologische Kategorie, die ihren Namen nicht zu nennen wagt, aus Grammatik und Linguistik herauszulösen. Ebenso bedeutend ist das Nachdenken darüber, wie Gender in der Sprache und auf die Sprache wirkt, bevor man darüber nachdenkt, wie es von dort aus auf die Menschen wirkt, die diese Sprache benutzen.

Gender findet in einem Element der Sprache statt, das sich von allen anderen unterscheidet und als Personalpronomen bekannt ist. Personalpronomen sind die einzigen sprachlichen Instanzen, die die Sprecherïnnen im Diskurs und ihre unterschiedlichen aufeinanderfolgenden Positionen in Bezug auf diesen Diskurs ausweisen. Als solche sind sie auch Mittel und Weg zum Eintritt in die Sprache. Und genau in diesem Sinne – weil sie Personen repräsentieren – interessieren sie uns hier. Ohne jegliche Rechtfertigung und ohne Hinterfragen wird Gender durch Personalpronomen irgendwie in die Sprache hineinkonstruiert, sie ziehen es sozusagen ganz selbstverständlich in jede Art von Gespräch, Diskussion oder philosophischer Abhandlung ein. Und obwohl sie so zentral an der Wahrnehmung von Gender mitwirken, bleiben sie unbemerkt. Da sie in ihrer subjektiven Form selbst nicht gendermarkiert sind (außer in einem Fall), können sie die Wahrnehmung von Gender verstärken, obwohl sie eine andere Funktion zu erfüllen scheinen. Eigentlich wird die Gender-Opposition von Pronomen nur in der dritten Person markiert, in den anderen Personen sind sie nicht per se Träger von Gender. Es scheint also so zu sein, als ob Gender sie unberührt ließe, nicht Teil ihrer Struktur wäre, sondern nur ein Detail ihrer assoziierten Formen. Tatsächlich aber manifestiert sich Gender, sobald es eine Sprecherin oder einen Sprecher, sobald es ein »Ich« im Diskurs gibt. Hier geschieht eine Art Aufhebung der grammatischen Form. Der Lokutor wir dabei direkt aufgerufen. Der Lokutor wird als Person angesprochen. Die Lokutorin aber tritt, wenn die sprechende Person soziologisch gesehen eine Frau ist, gemäß der Ordnung der Pronomen, unvermittelt *mit ihrem realen Geschlecht* auf.

Bekanntlich muss man das Geschlecht im Französischen kennzeichnen, sobald man »je« (»ich«) zusammen mit Partizipien und Adjektiven der Vergangenheit verwendet. Im Englischen hingegen, das diese Art von Verbindlichkeiten nicht kennt, muss eine Lokutorin, wenn sie als Frau sozialisiert ist, auf andere Weise ihr Geschlecht offenbaren, etwa in anderen Satzteilen. Denn Genus ist der Vollzug von Geschlecht in der Sprache, was genauso funktioniert wie die Erklärung des Geschlechts in Personenstandsdaten. Genus beschränkt sich nicht auf die dritte Person, und die Erwähnung des Geschlechts in der Sprache ist eine Behandlung, die nicht der dritten Person vorbehalten bleibt. Unter dem Namen Genus durchdringt das Geschlecht die gesamte Sprache und zwingt jede Sprecherin, wenn sie dem unterdrückten Geschlecht angehört, sich im Sprechakt dazu zu bekennen, also in der Sprache in ihrer realen körperlichen Form aufzutreten, und nicht in der abstrakten Form, die jedem männlichen Sprecher fraglos zu Gebote steht. Das sogenannte männliche Genus bedeutet genau das: Die abstrakte Form, das Allgemeine, das Universelle; weil die Klasse der Männer sich das Universelle angeeignet hat. Man muss sich klarmachen: Männer werden nicht mit einem speziellen Talent für das Universelle geboren und Frauen sind nicht qua Geburt auf das Partikulare beschränkt. Das Universelle wurde und wird stetig, in jedem Augenblick, von Männern usurpiert. Das geschieht nicht durch Zauberei, es wird gemacht. Es ist ein Akt, ein krimineller Akt, verübt von der einen Klasse gegen eine andere. Dieser Akt wird auf der Ebene von Ideen, Philosophie und Politik vollzogen. Und dass Frauen durch das Genus in eine bestimmte Kategorie gezwungen werden, ist nichts anderes als ein Akt von Herrschaft. Das Genus, das grammatische Geschlecht, macht den Gebrauch von Sprache für Frauen zu einer für sie äußerst schädlichen Sache. Aber das ist noch nicht alles. Genus ist eine ontologische Unmöglichkeit. Denn wenn es nach der Linguistik und Philosophie geht, dann geschieht der höchste Akt der Subjektivität, der Eintritt der Subjektivität ins Bewusstsein, genau dann, wenn man Lokutor'in wird, indem man »ich« sagt, und sich damit die Sprache als Ganzes aneignet,[51] ausgehend von sich selbst, ausgestattet mit der ungeheuren Macht, die ganze Sprache zu benutzen. Man wird ein »ich«, sobald man spricht. Die Voraussetzung des Akts – das Werden *des* Subjekts durch die Ausübung der Sprache und durch das Sprechen – setzt voraus, dass die Sprechende ein absolutes Subjekt ist. Denn ein relatives Subjekt ist undenkbar, ein relatives Subjekt könnte gar nicht sprechen. Deshalb bin ich überzeugt, dass trotz der strengen Ordnung des Genus und seiner Durchsetzung gegenüber Frauen, keine Frau »Ich« sagen kann, ohne für sich selbst ein absolutes Subjekt zu sein – das heißt, geschlechtslos, universell, ganz. Andernfalls ist sie zu dem verurteilt, was ich Papageiensprech nenne (Versklavte, die ihren Herren nachplappern). Die Sprache als Ganzes verleiht allen die gleiche Macht, durch ihre Ausübung ein absolutes Subjekt zu werden. Aber das Genus, ein Element der Sprache, wirkt auf diese ontologische Tatsache ein, um sie Frauen zu verwehren, und das entspricht dem stetigen Versuch, ihnen das für Menschen Kostbarste zu nehmen – Subjektivität. Das Genus ist also eine ontologische Unmöglichkeit, da es versucht, das Sein zu teilen. Aber das Sein als Seiendes ist nicht geteilt. Gott oder Menschen als Seiendes sind eins und ganz. Was ist also dieses geteilte Sein, das durch das Genus in die Sprache eingeführt wird? Es ist ein unmögliches Sein, es ist ein Sein, das es nicht gibt, ein ontologischer Witz, ein intellektuelles Manöver, das Frauen das entreißen soll, was ihnen von Rechts wegen zusteht: Sich durch die Ausübung der Sprache als absolutes Subjekt zu begreifen. Die Folge dieser Auferlegung des Genus, das als Verweigerung im Moment des Sprechens wirkt, hat zur Folge, dass Frauen die Autorität des Sprechens entzogen wird, und sie gezwungen werden, sich nurmehr im Krebsgang zu äußern, sich zu partikularisieren und überschwänglich zu entschuldigen. Als Folge von alledem wird ihnen jeglicher Anspruch auf die abstrakten, philosophischen und politischen Diskurse, die den sozialen Körper formen, verweigert. Darum muss das Genus, das grammatische Geschlecht, zerstört werden. Die Gelegenheit dazu gibt uns die Ausübung der Sprache selbst an die Hand. Denn jedes Mal, wenn ich »ich« sage, organisiere ich die Welt von meinem Standpunkt neu und erhebe durch Abstraktion Anspruch auf Universalität. Diese Tatsache gilt für alle Lokutorinnen und Lokutoren.

II

Die Zerstörung der Geschlechtskategorien in Politik und Philosophie, die Zerstörung des grammatischen Geschlechts in der Sprache (zumindest die Veränderung seines Gebrauchs) ist daher Teil meiner schriftstellerischen Arbeit. Ein wesentlicher Teil sogar, denn eine so bedeutsame Veränderung kann nicht ohne eine Transformation der Sprache als Ganzes geschehen. Sie betrifft (berührt) Wörter, deren Bedeutungen und Formen an

Gender gebunden sind und mit ihm assoziiert werden. Sie betrifft (berührt) aber auch Wörter, deren Bedeutungen und Formen davon weitestmöglich entfernt sind. Denn sobald die Dimension der Person, um die herum alles andere organisiert ist, ins Spiel gebracht wird, bleibt nichts mehr unversehrt. Die Wörter, ihre Anordnung, ihr Arrangement, ihr Verhältnis zueinander, der ganze Nebel ihrer Konstellationen verschieben sich, werden verlagert, verschluckt oder neu ausgerichtet, auf links gedreht. Und wenn sie wieder auftauchen, hat die strukturelle Veränderung der Sprache ihr Aussehen verändert. Sie sind in ihrer Bedeutung und auch in ihrer Form getroffen. Sie klingen anders, ihre Färbung ist beeinträchtigt. Denn worum es hier eigentlich geht, ist eine strukturelle Veränderung der Sprache, ihres Nervengerüsts, ihres Framings. Aber die Sprache lässt sich nicht verändern, ohne dass man zugleich in Philosophie, Politik und Wirtschaft darauf hinarbeitet, denn so wie die Frauen in der Sprache durch das Genus gekennzeichnet werden, so werden sie in der Gesellschaft als Geschlecht stigmatisiert. Ich sagte bereits, dass Gender in der Sprache durch Personalpronomen mitkonstruiert wird, und die Personalpronomen sind, wenn ich so sagen darf, das Thema aller meiner Bücher – mit Ausnahme von *Le Brouillon pour un Dictionnaire des Amantes* (*Lesbische Völker. Ein Wörterbuch*), das ich zusammen mit Sande Zeig schrieb. Meine Bücher sind wie Maschinen, für die funktionierende Teile entworfen werden mussten, die als solche auf eine bestimmte Form drängen.

Mein erstes Buchprojekt *Opoponax* ging um die Arbeit mit dem Subjekt, dem sprechenden Subjekt, dem Subjekt des Diskurses – Subjektivität ganz allgemein. Ich wollte ein ungeteiltes »Ich«

rekonstruieren und damit den Standpunkt einer zum Partikularismus verdammten Gruppe universalisieren, die in der Sprache zu einer subhumanen Kategorie degradiert wurde. Ich wählte die Kindheit als ein für Geschichte offenes Formelement (das an sich für mich ein Thema der Narration ist), die Bildung des Ichs durch Sprache. Es bedurfte einer gewaltigen Anstrengung, um den Bann des gefangenen Subjekts zu brechen. Ich brauchte ein starkes Werkzeug, das unmittelbar jenseits der Geschlechter steht, das immun gegen die Aufteilung nach Geschlechtern ist und nicht vereinnahmt werden kann. Im Französischen und Englischen gibt es ein großzügiges Pronomen, das »indefinit« genannt wird, da es nicht durch ein Geschlecht festgelegt ist, ein Pronomen, das systematisch zu vermeiden man in der Schule lernt. Im Französischen ist es *on* – im Englischen *one* – *man* im Deutschen. Dies zu vermeiden wird so systematisch gelehrt, dass die englische Übersetzerin von *Opoponax* es tatsächlich geschafft hat, es kein einziges Mal zu verwenden. Zugunsten der Übersetzerin kann man sagen, dass es im Englischen sehr schwer klingt und aussieht, im Französischen allerdings nicht weniger.

Mit diesem Pronomen, das hinsichtlich Geschlecht und Anzahl unspezifisch ist, konnte ich die Figuren außerhalb der gesellschaftlichen Geschlechtertrennung verorten und sie für die Dauer des Buches aufheben. Im Französischen ist die männliche Form – jedenfalls nach Meinung der Grammatiker –, wenn ein Partizip der Vergangenheit oder ein Adjektiv mit dem Subjekt *on* verbunden ist, in Wirklichkeit ein Neutrum. Der damit einhergehende Topos des Neutrums ist tatsächlich hochinteressant, denn selbst wenn es um Begriffe wie *l'homme*, also *Mann* oder *Mensch*, geht, sprechen die Grammatiker nicht im selben Sinne von Neutrum, wie sie es bei *Gut* oder *Böse* tun, sondern sie sprechen von maskulinem Geschlecht. Denn sie haben sich *l'homme und homo* angeeignet, dessen ursprüngliche Bedeutung eben nicht *männlich*, sondern *menschlich* ist. Ergo *homo sum.* Die Bedeutung von *l'homme und man* als *männlich* ist nur eine abgeleitete und sekundäre Bedeutung.[52] Um auf *on* und *man* zurückzukommen – es handelt sich um ein Subjektpronomen, das sehr flexibel und anpassungsfähig ist, da es gleichzeitig auf verschiedene Weisen verwendet werden kann. Erstens ist es, wie gesagt, geschlechtsneutral. Es kann eine bestimmte Anzahl von Personen nacheinander oder alle auf einmal bezeichnen – alle, wir, sie, ich, du, die Leute, eine kleine oder große Anzahl von Personen – und trotzdem im Singular verbleiben. Es eignet sich für alle möglichen Arten von Personensubstitutionen. In *Opoponax* vertrat es eine ganze Klasse von Menschen, oder alle, oder einige wenige Personen, oder das Ich (das ›Ich‹ der Hauptfigur, das erzählende ›Ich‹ und das lesende ›Ich‹). *On/one/man* war für mich der Schlüssel zu einem friedfertigen Gebrauch der Sprache, wie in der Kindheit, wo Worte magisch sind, wir sie hell und bunt in das Kaleidoskop der Welt setzten, um unser Bewusstsein bei jeder Drehung neu auf den Kopf zustellen. *On/one/man* war ein Weg, um allein durch Worte die Zeit des Lernens zu beschreiben, alles für das Bewusstsein Entscheidende, wobei das Erlernen des Schreibens das Primäre war, noch vor dem Erlernen des Sprechens. *On/one/man* ermöglicht allen Lokutoren die einzigartige Erfahrung, sich die gesamte Sprache anzueignen, indem sie »Ich« sagen, und sich und die Welt von ihrem Standpunkt aus neu zu ordnen. Ich habe die weiblichen Figuren also nicht hinter männlichen Patronymen versteckt, um sie dadurch universeller erscheinen zu lassen, und trotzdem ist der Versuch der Universalisierung gelungen, wenn ich Claude Simons Worten Glauben schenken darf. Er schrieb über das, was der Hauptfigur in *Opoponax*, einem kleinen Mädchen, widerfährt: »Ich sehe, ich atme, ich kaue, ich fühle durch ihre Augen, ihren Mund, ihre Hände, ihre Haut ... und ich werde zur Kindheit.«[53]

Bevor ich über das Pronomen spreche, das die Hauptachse von *Les Guérillères* (*Die Verschwörung der Balkis*) bildet, möchte ich daran erinnern, was Marx und Engels in der *Deutschen Ideologie* über Klasseninteressen sagten: Dass jede neu um die Macht kämpfende Klasse, um ihr Ziel zu erreichen, ihr Interesse als das gemeinsame Interesse aller Mitglieder der Gesellschaft darstellen, und sie ihrem Denken im Bereich der Philosophie die Form der Universalität geben müsse, um es als das einzig vernünftige, das einzig allgemeingültige zu präsentieren.

Was *Les Guérillères* betrifft, so gibt es im Französischen ein Personalpronomen, das es im Englischen so nicht gibt – nämlich den kollektiven Plural *elles* (*they* im Englischen, *sie* im Deutschen) –, wohingegen *ils* (*they, sie*) oft für das Allgemeine steht: *they say*, im Sinne von *die Leute sagen* oder *man sagt*. Doch dieses allgemeine *ils* schließt *elles* nicht mit ein, genauso wenig wie die Voraussetzungen von *they* eine *she* mit einschließen, würde ich vermuten. Nun könnte man darüber klagen, dass es im Englischen nicht einmal ein hypothetisches weibliches Pluralpronomen gibt, um das Fehlen von *she* im allgemeinen *they* zu kompensieren. Aber wozu sollte das auch gut sein – wenn es eines gäbe, würde man es nicht verwenden. In den seltenen Fällen, in denen *elles* gebraucht wird, steht es nie für das Allgemeine und es ist nie der Träger eines universellen Standpunkts.[54] Daher wäre ein *elles*, das einen universellen Standpunkt vertreten könnte, ein Novum in der Literatur oder anderswo. Darum habe ich in *Les Guérillères* versucht, den Standpunkt von *elles* zu universalisieren. Ziel dieses Ansatzes ist es aber nicht, die Welt zu verweiblichen, sondern die Kategorien des Geschlechts in der Sprache obsolet zu machen. Ich habe also *elles* im Text als absolutes Subjekt der Welt installiert. Damit das textlich funktionierte, musste ich einige sehr drakonische Maßnahmen bemühen, so habe ich zum Beispiel, zumindest in den ersten beiden Teilen, *he/er* oder *they-he/sie* eliminiert. Ich wollte dem Lesepublikum einen Schock versetzen, wenn sie einen Text betreten, in dem *elles* durch seine einzigartige Präsenz eine Art Angriff verübt, und ja, auch auf Leserinnen. Auch hier bestimmte die Verwendung eines Pronomens als Hauptfigur die Form des Buches. Obwohl das Thema des Textes der von *elles* gegen *ils* geführte totale Krieg war, mussten zwei Drittel des Textes vollständig von *elles* bewohnt und heimgesucht werden, damit diese neue Figur ihre Wirkung entfalten konnte. Wort für Wort etabliert *elles* sich als souveränes Subjekt. Erst dann konnte *il(s)*, *they-he/sie-er wieder auftreten*, reduziert und aus der Sprache herausgestutzt. Um wirklich zu werden, hat sich dieses *elles* auch eine epische Form auferlegt, in der es nicht nur das vollständige Subjekt der Welt ist, sondern auch ihre Herrscherin. Eine weitere Konsequenz die sich aus der souveränen Präsenz von *elles* ergibt, ist, dass sich der chronologische Beginn der Erzählung – der totale

Krieg – im dritten Teil des Buches befindet und der Anfang des Textes in Wirklichkeit das Ende der Erzählung ist. Daraus ergibt sich die Kreisform des Buches, seine *Gesta*, die die geometrische Form eines Kreises als Modus Operandi ausweist. In Ermangelung eines lexikalischen Äquivalents für *elles* im Englischen sah sich der Übersetzer gezwungen, eine Änderung vorzunehmen, die für mich die Wirkung des Experiments zunichte macht. Der Prozess der Universalisierung wird zerstört, wenn aus *elles* »the women«, »die Frauen«, gemacht werden. Plötzlich sind *elles* nicht mehr *die Menschheit*. Wenn man »die Frauen« sagt, meint man eine Reihe individueller Frauen und verändert damit den Blickwinkel völlig, so dass man das, was ich als Universalie gedacht hatte, partikularisiert. Nicht nur mein Vorhaben mit dem Kollektivpronomen *elles* ging verloren, es wurde auch noch ein weiteres Wort eingeführt, das im gesamten Text geradezu zwanghaft auftaucht, und das eines der bereits erwähnten geschlechtsspezifischen Wörter ist, das ich im Französischen nie verwende, nämlich das Wort *Frauen*. Für mich ist es gleichbedeutend mit *Sklavin*, und ich habe seine Verwendung abgelehnt, wo immer es mir möglich war. An dem Wort durch die Einsetzung eines *y* oder eines *i* herumzuflicken (wie in *womyn* oder *wimmin*), ändert nichts an seiner politischen Realität. Wenn man versucht, sich *Nogger* oder *Niggir* anstelle von *N****r* vorzustellen, erkennt man leicht, wie vergeblich solche Versuche sind. Es ist nicht so, dass es keine Lösung für die Übersetzung von *elles* gibt. Es gibt eine Lösung, die damals auch für mich schwierig zu finden war. Es ist mir wohl bewusst, dass es sich um eine grammatikalische und sprachliche Frage handelt, nicht um eine Frage der Übersetzung.[55] Die

Lösung für die englische Übersetzung bestünde in einer Wiederaneignung des Kollektivpronomens *they*, das mit gleichem Recht sowohl dem weiblichen als auch dem männlichen Geschlecht angehört. *They* ist nicht nur ein Kollektivpronomen, es erzeugt auch sofort einen Grad von Universalität, der bei *elles* nicht unmittelbar gegeben ist. Um diese mit *elles* zu erreichen, müsste man nämlich ein Werk der Transformation schaffen, das eine ganze Reihe anderer Wörter einbeziehen und die Phantasie stimulieren müsste. *They* haben keinerlei Anteil an den naturverbunden-hysterischen Tendenzen, die dem weiblichen Geschlecht anhaften. *They* helfen uns, die Geschlechtskategorien zu überwinden. Aber *they* können in meinem Entwurf nur wirksam sein, wenn sie, wie ihr französisches Gegenstück, für sich selbst stehen. Erst durch den Gebrauch von *they* gewinnt der Text seine Kraft und Fremdartigkeit zurück. Dass das Buch mit dem Ende beginnt und sein Ende der chronologische Anfang ist, wird durch die unerwartete Identität von *they* inhaltlich gerechtfertigt. Im dritten Teil, dem über den Krieg, sind sie untrennbar Teil der Kategorie, die vom Allgemeinen eliminiert werden soll. In einer neuen Fassung des Buchs wird das männliche Geschlecht systematischer partikularisiert werden, als es in der jetzigen Form der Fall ist. Das männliche Geschlecht darf dann nicht unter *they/sie* auftreten, sondern nur als *man*, *he/er*, *his/sein*, in Analogie zu dem, was schon so lange dem weiblichen Geschlecht (*woman, she, her, Frau, sie, ihr*) widerfährt. Mir scheint, dass die englische Lösung sogar noch einen Schritt weiter darin geht, die Geschlechterkategorien in der Sprache obsolet zu machen.

Über das Schlüsselpronomen von *Le Corps lesbien* (*Aus deinen zehntausend Augen, Sappho*) zu sprechen, fällt mir wirklich nicht leicht, und manchmal habe ich diesen Text als eine Träumerei über die schöne Analyse der Pronomen *je/ich* und *tu/du* des Sprachwissenschaftlers Emile Benveniste betrachtet. Der Schrägstrich im *j/e* in *Le Corps lesbien* ist ein Zeichen des Exzesses. Ein Zeichen hilft, sich ein exzessives *Ich* vorzustellen, ein übersteigertes *Ich*. In *Le Corps lesbien* ist das *Ich* derart mächtig geworden, dass es die heterosexuelle Ordnung auf der Ebene von Texten attackieren und über die so genannte Liebe, die Idole der Liebe, herfallen kann, sie lesbifiziert, die Symbole lesbifiziert, die Göttinnen und Götter lesbifiziert, die Frauen und Männer lesbifiziert. Dieses *Ich* kann dabei zerstört und wiederbelebt werden. Nichts widersteht diesem *Ich* (oder diesem *Du*, das sich gleich ist, und seiner Liebe), das sich in der ganzen Welt des Buches unaufhaltsam ausdehnt wie ein Lavastrom.

Um mein Vorhaben in diesem Text zu verstehen, muss man zu *Opoponax* zurückgehen, in dem der einzige Auftritt der Erzählerin mit einem *je/ich* am Ende des Buches in einem kleinen Vers von Maurice Sceve aus *La Delie* zu finden ist, der im englischen Text[56] unübersetzt blieb: *Tant je l'aimais qu'en elle encore je vis* (»Ich liebte sie so, dass ich in ihr weiterlebe«). Dieser Satz ist der Schlüssel zum Text und wirft ein Schlaglicht auf seine Gesamtheit, indem er die Bedeutung von *Opoponax* aufklärt, ein lesbisches Subjekt als absolutes Subjekt etabliert und die lesbische Liebe als absolute Liebe. *On/man*, der Opoponax, und das *Je*, das *Ich* des Endes sind eng miteinander verbunden. Sie funktionieren durch Übertragungen. Zunächst fällt *on/man* vollständig mit der Figur Catherine Legrand und mit den anderen zusammen. Dann erscheint der Opoponax als Talisman, als Sesamöffnedich der Welt, als ein Wort, das sowohl die Worte als auch die Welt zu Bedeutung zwingt, als Metapher für das lesbische Subjekt. Nachdem Catherine Legrand wiederholt beteuert *Ich bin der Opoponax,* kann die Erzählstimme am Ende des Buches übernehmen und in ihrem Namen behaupten: *Ich liebte sie so, dass ich in ihr weiterlebe.* Die Kette der Permutationen des *on/man* zum *je/ich* im *Opoponax* schuf einen Kontext für das *Ich* in *Les corps lesbien.* Dieses aus einer homosexuellen Perspektive stammende Verständnis, das zugleich global und partikular ist, zugleich universell und einzigartig, ist auch Gegenstand einiger außergewöhnlicher Seiten von Proust.

Zum Abschluss meiner Ausführungen zum Umgang mit Genus und Gender in der Sprache möchte ich noch erwähnen, dass es sich beim grammatischen Geschlecht um ein in seiner Art einzigartiges Stigma handelt, das einzige lexikalische Symbol, das auf eine unterdrückte Gruppe verweist. Kein anderes sprachliches Zeichen hat derart viele Spuren in der Sprache hinterlassen, so dass es zu beseitigen nicht nur Sprache auf lexikalischer Ebene verändern, sondern auch die Struktur selbst und ihre Funktionsweise umstürzen würde. Darüber hinaus würde es die metaphorischen Beziehungen der Wörter weit über die wenigen von dieser Transformation direkt berührten Konzepte und Begriffe hinaus verändern. Sie würde die Abtönung der Wörter im Verhältnis zueinander und ihre Tonalität verändern. Es ist eine Transformation, die Auswirkungen auf begrifflich-philosophischer, politischer und poetischer Ebene hätte.

Am Ort des Geschehens

1984

Im Werk von Nathalie Sarraute zeichnet sich seit *Die goldenen Früchte* eine so allumfassende Veränderung der Inhalte des Romans ab, dass sie sich als solche nur schwer fassen lässt. Da das von ihr verwendete Material so flüchtig wie die gesprochene Rede[57] ist, will ich es – um einen Vergleich mit dem zu ermöglichen, was in der Linguistik als »Lokution« bezeichnet wird –, »Interlokution« nennen. Ich verstehe unter diesem Wort, das nur selten in der Linguistik verwendet wird, all das, was sich zwischen Menschen abspielt, die sich unterhalten. Dies umfasst das gesamte Phänomen, auch jenseits der eigentlichen Rede. Da sich die Bedeutung des Wortes vom lateinischen *interrumpere*, jemanden *unterbrechen*, das *Wort abschneiden*, ableitet, was keinen Sprechakt im eigentlichen Sinne auszeichnet, erweitere ich es auf alle Handlungen, die mit dem Gebrauch der Rede verbunden sind: auf Störfälle im Diskurs (Unterbrechungen, Übertreibungen, Auslassungen, Tonfall, Intonation) und die damit verbundenen Auswirkungen (Tropismen, Gesten).

In diesem Sinne sind Sarrautes Figuren Gesprächspartnerïnnen. Anonymer noch als Kafkas K. nehmen sie die Grundhaltung von Platons Gorgias, Kriton und Euthyphron ein. Der Dialog und die gleichempfundene philosophische Notwendigkeit ruft sie auf den Plan, bevor sie wieder verschwinden, wie Meteoriten oder die Leute, denen wir auf der Straße begegnen, die nicht mehr und nicht weniger real sind als Romanfiguren und die wir aus einem inneren Bedürfnis nach Fiktion mit einem Namen ausschmücken. Doch über diese Gesprächspartnerinnen hinaus, die einfache Romanfiguren, einfache Anregungen für das Lesepublikum sind, spielt vor allem das philosophische Material Sarrautes eine wichtige Rolle, also die Lokution und die Interlokution – das, was sie selbst in Bezug auf den Roman »l'usage de la parole« [Gebrauch der Rede] nennt. Im Unterschied zur Wissenschaft oder der Linguistik mit ihrem ausschließlich anatomischen Zugriff auf die Sprache, muss sich der Roman keine Beschränkungen auferlegen; er kann in einer einzigen Bewegung Ursachen, Wirkungen und handelnde Personen versammeln und verbinden. Die Romane Sarrautes bringen vermittels der Literatur Phänomene hervor, die bisher weder in der Wissenschaft noch in der Philosophie wahrgenommen wurden.

Zuerst muss festgehalten werden, dass alle Probleme in Bezug auf die Figuren, die Perspektive und die Dialoge in Sarrautes *Zeitalters des Mißtrauens* gelöst wurden, indem der Gebrauch der Rede zum Leitmotiv ihrer Bücher wurde. Die Figur, deren Form vollkommen erneuert wurde, erwies sich für die Bedürfnisse des Textes immer noch als zu sperrig. Die Form selbst hat sich aufgelöst. Das Raum-Zeit-Gefüge, im Allgemeinen ein gewichtiger Aspekt in der Literatur (bei der Beschreibung von Orten, Gebäuden, von genauen geographischen Räumen), war in den Texten Sarrautes, die dem Roman *Die goldenen Früchte* vorausgingen, bereits sehr begrenzt und ist nun so abstrakt wie irgend möglich: es kann jeder beliebige Sprechort sein oder vielleicht noch ein mentaler Raum mit imaginären Gesprächspartnerinnen.

Manchmal verstummt eine Gesprächspartnerïn, bricht die Konversation ab, und zieht sich an einen unbestimmten Ort zurück. Ab und an gibt es auch ein »hier« und ein »dort«; jedoch bezieht sich diese Distanzangabe nicht auf einen Ort, sondern auf eine Abweichung in der Sprache: Die Personen dort und die hier sprechen nicht dieselbe Sprache. Die Perspektive, die keineswegs eindeutig ist, verschiebt sich ständig und sehr schnell, sie folgt den Beiträgen der Gesprächspartnerïnnen, führt Bedeutungsveränderungen und Variationen herbei. Die Vielfältigkeit und Beweglichkeit der Perspektive werden vom Rhythmus des Schreibens erzeugt und getragen, und vom Diskurs und seinen Störfällen unterbrochen. Es ist wichtig die Vielfältigkeit im Hinblick auf die Interpretation der Figuren hervorzuheben (politisch, psychologisch, ethisch), da nämlich gar keine Interpretation möglich ist; sie wird im Gegenteil unablässig verhindert. Keiner der vorgebrachten Diskurse, keine wiedergegebene Rede, weder die inneren Dialoge noch die inneren Monologe werden von der Autorin übernommen. Zudem gibt es keine privilegierte Gesprächspartnerïn, die Sarrautes Standpunkt verteidigte (im Unterschied zur *Apologie des Sokrates* von Platon), so dass die Leserin gezwungen ist, sie alle nach und nach als provisorische Szenarien anzunehmen wie in *Martereau* beispielsweise. »Le lecteur, sans cesse tendu, aux aguets, comme s'il était à la place de celui à qui les paroles s'adressent, mobilise tous ses instincts de défense, tous ses dons d'intuition, sa mémoire, ses facultés de jugement et de raisonnement« [(Daher liegt) der unablässig gespannte Leser auf der Lauer als ob er sich an der Stelle dessen befände, an den die Worte sich richten, mobilisiert (aus diesem Grund) all seine

Verteidigungsinstinkte, seine ganze Intuitionsfähigkeit, sein Gedächtnis, seine Kraft des Urteilens und Denkens.][58]

Am liebsten würde ich über die Grundlagen des Textes selbst sprechen: über den Rhythmus, die Sequenzen und ihre Entwicklungsstufen, über den Gebrauch vereinzelter Worte, wie sie sich zwischen Gesprächspartnerïnnen verlieren, über das beeindruckende Oszillieren des Textes immer dann, wenn die Perspektive wechselt, über die interlokutionären Sequenzen, über die Klischees, die sich um ein Wort gruppieren, als würden sie von einem Taktstock dirigiert, darüber wie ein Text entsteht und sich im kontrapunktischen Zusammenspiel entfaltet. Dieser Text, der sich wie ein antiker griechischer Chor verhält – nicht tragisch, sondern sarkastisch – und die Zufälligkeiten des Diskurses kommentiert, die dynamische Versammlung aller Elemente in einer einzigen Bewegung, die sie allesamt mitreißt, und die der Text selbst ist.

Doch ich muss ein eher philosophisches Thema ansprechen. Daher erwähnte ich Platon, obwohl die Gesprächspartnerïnnen von Sarraute im Gegensatz zu denen Platons uns dazu nichts Einheitliches bieten.

Der Gebrauch der Rede wie er tagtäglich praktiziert wird, ist ein Verfahren, dass die Sprache erdrosselt und damit das Ich, dessen todbringender Einsatz darin besteht, die Natur der Sprache so sorgsam wie möglich zu verstecken und geheim zu halten. Was hier überrumpelt und erstickt wird, sind die Wörter vor den Worten, vor den »Vätern«, vor den »Müttern«, vor dem »Sie«, vor dem »steht auf, ihr Toten«, vor »Strukturierungen« und »Kapitalismus«. Was in allen möglichen Arten von Gerede, sei es auf der Straße oder im philosophischen Arbeitszimmer, erdrückt wird, ist die erste Sprache (von der uns das Wörterbuch eine ungefähre Vorstellung vermittelt): die Sprache, in der es noch keine Bedeutung gibt, die Sprache für alle, die, die allen gehört und die jede und jeder reihum nehmen, benutzen und mit einer Bedeutung versehen kann. Denn das ist der Sozialpakt, der uns verbindet, der ausschließliche (einzig mögliche) Vertrag, ein Gesellschaftsvertrag nach Rousseaus Vorstellung, in dem das »Recht der Stärkeren« einen Widerspruch in sich darstellt, ein Vertrag, der weder Männer noch Frauen, weder *races* noch Unterdrückung kennt, nichts als das, was nach und nach Wort für Wort benannt werden kann: die Sprache. In ihr sind wir alle gleich und frei, andernfalls wäre kein Pakt möglich. Wir alle haben gelernt in dem Bewusstsein zu sprechen, dass Worte ausgetauscht werden können, dass Sprache sich in einem Verhältnis uneingeschränkter Reziprozität bildet – wer wäre sonst verrückt genug, sprechen zu wollen? Die unglaubliche Macht – die uns die Linguisten bewusst gemacht haben –, die Macht, von sich selbst ausgehend die gesamte Sprache mit all ihren prächtigen Lauten und Bedeutungen zu verwenden, gehört uns allen. Die Sprache ist der Gemeinplatz[59], auf dem man sich nach Herzenslust austoben kann und allen anderen im gleichen Zug, durch Worte, auf Armeslänge dieselbe Berechtigung zuteilwerden lässt, ohne die es keine Bedeutung gäbe. »Par toutes leurs voyelles, leurs consonnes [les mots] se tendent, s'ouvrent, aspirent, s'imbibent, s'emplissent, se gonflent, s'épandent à la mesure d'espaces infinis, à la mesure de bonheurs sans bornes ...« [(Die Wörter) mit all ihren Vokalen, ihren Konsonanten dehnen sie, öffnen sie, sehnen sie sich, saugen sie sich voll, blähen sie sich auf, breiten sie sich aus über endlose Weiten, über grenzenlose Glücksgefühle...][60]

Die Sprache ist ein Paradies aus sichtbaren, hörbaren, greifbaren, wohlschmeckenden Wörtern:

> [...] quand le fracas des mots heurtés les uns contre les autres couvre leur sens... quand frottés les uns contre les autres, ils le recouvrent de gerbes étincelantes... quand dans chaque mot son sens réduit à un petit noyau est entouré de vastes étendues brumeuses... quand il est dissimulé par un jeu de reflets, de réverbérations, de miroitements... quand les mots entourés d'un halo semblent voguer suspendus à distance les uns des autres... quand se posant en nous un par un, ils s'implantent, s'imbibent lentement de notre plus obscure substance, nous emplissent tout entiers, se dilatent, s'épandent à notre mesure, au-delà de notre mesure, hors de toute mesure?

> [...] wenn der Schwall der aufeinanderprallenden Wörter deren Bedeutung übertönt ... wenn sie, sich aneinander reibend, ihre Bedeutung unter sprühenden Funken verbergen ... wenn in jedem Wort der zu einem kleinen Kern zusammengeschrumpfte Sinn von nebeligen Weiten umgeben ist ... wenn er verborgen wird durch ein Spiel von Reflexen, Rückstrahlungen und Spiegelungen ... wenn die von einem Lichthof umgebenen Wörter, voneinander Abstand wahrend, vorbeizuschwanken scheinen ... wenn sie, sich nacheinander in uns niederlassend, Wurzeln schlagen, sich langsam mit unserer dunkelsten Substanz vollsaugen, uns

> ganz ausfüllen, sich erweitern, sich uns angemessen, über unser Maß hinaus, maßlos ausbreiten?[61]

Doch selbst wenn der Gesellschaftsvertrag in seiner jetzigen Form jeder und jedem garantiert, umfassend und ausschließlich über die Sprache zu verfügen, und wenn er zugleich die Möglichkeit gewährleistet, sich unter diesen Bedingungen mit allen Gesprächspartnerïnnen sprachlich auszutauschen – da allein die Tatsache, dass der Austausch möglich ist, die Reziprozität garantiert – scheint es trotzdem, als hätten die beiden Modi des Verhältnisses zur Sprache nichts gemein. Auf einmal hat es gar den Anschein, als gäbe es zwei Verträge statt nur einem. Für den einen, expliziten Vertrag – der das ›Ich‹ zu einem menschlichen Wesen macht, indem er ihm die Fähigkeit zum Gebrauch der Rede verleiht, und für den die Ausübung der Sprache für das sprechende ›Ich‹ konstitutiv ist – ist das ›Ich‹, tête-à-tête mit den Worten, ein »héros, héraut, Hérault, erre haut« [Heros, Herold, Hérault, Oberlauf][62], dem die Welt gehört und der die Wörter nach Belieben formt und verformt. Es herrscht ein allgemeines Einverständnis darüber, dem ›Ich‹ dieses Recht zu gewähren. Ohne Hemmungen kann ich hier meine Füße auf den Tisch legen: Ich bin allmächtig, »roi de moi« [ich bin König] wie Robert Pinget in *Baga* sagt. Im anderen, impliziten Vertrag verhält es sich genau umgekehrt, die Pole geraten mit dem Auftauchen der Gesprächspartnerïn ins Wanken:

> »Disons que ce qui pourrait les faire céder à ce besoin de fuite ... nous l'avons tous éprouvé ... ce serait la perspective de ce à

quoi elles seront obligées de se soumettre ... cette petite opération ... Petite? Mais à quoi bon essayer raisonnablement, docilement, décemment, craintivement, de s'abriter derrière ›petite‹? Soyons francs, pas petite, pas petite du tout ... le mot qui lui convient est ›énorme‹ ... une énorme opération, une véritable mue.

Sagen wir, daß das, was sie diesem Bedürfnis zu fliehen nachgeben lassen könnte – wir alle haben es schon empfunden –, die Perspektive dessen wäre, dem sie sich unterwerfen werden müssen ... dieser kleinen Operation ... Eine kleine? ... Aber wozu vernünftig, gefügig, anständig und furchtsam versuchen, sich hinter ›klein‹ zu verschanzen? Seien wir ehrlich, sie ist nicht klein, gar nicht klein ... das Wort, das zu ihr paßt, ist ›ungeheuer‹ ... eine ungeheure Operation, eine wahre Mauserung ...[63]

Es genügt dem ›Ich‹, dass die Andere mit ihren eigenen Worten vorangeht und ihm, bevor es selbst den Mund öffnet, ein Gewand überwirft, das nichts mit einer königlichen Robe gemein hat:

D'elle quelque chose se dégage... comme un fluide... comme des rayons... il sent que sous leur effet il subit une opération par laquelle il est mis en forme, qui lui donne un corps, un sexe, un âge, l'affuble d'un signe comme une formule mathématique résumant un long développement...

Von ihr geht etwas aus ... wie ein Fluidum ... wie Strahlen ... er fühlt, wie er unter ihrer Einwirkung eine Operation erleidet, durch die er in Form gebracht wird, die ihm einen Körper, ein Geschlecht,

> ein Alter verleiht, die ihn mit einem Zeichen wie eine mathematische Formel ausstaffiert, welche eine lange Entwicklung zusammenfaßt…[64]

Noch bevor ›Ich‹ es realisiert, wird ›Ich‹ gefangen genommen, fällt einem faulen Tauschgeschäft zum Opfer. Das, was es fälschlich für die absolute Freiheit gehalten hat, die notwendige Reziprozität, ohne die die Sprache nicht möglich ist, ist nur Unterwerfung, ein Handel, der das ›Ich‹ stürzt und es noch dem kleinsten Wörtchen ausliefert. Dass dieses Wort ausgesprochen wird, löst etwas aus.

> Le centre. Le lieu secret où se trouvait l'état-major et d'où lui, chef suprême, les cartes étalées sous ses yeux, examinant la configuration du terrain, écoutant les rapports, prenant des décisions, dirigeait les opérations, une bombe l'a soufflé… il est projeté à terre, ses insignes arrachés, il est secoué, contraint à se relever et à marcher, poussé à coups de crosse, à coups de pied dans le troupeau grisâtre des captifs, tous portant la même tenue, classés dans la même catégorie […].

> Die Mitte. Der geheime Ort, wo sich der Generalstab befand und von wo aus er, als Oberkommandierender angesichts der ausgebreiteten Landkarten die Geländeformen prüfend, die Meldungen anhörend, Entscheidungen fällend, die Gefechtstätigkeit leitete. Eine Bombe hat ihn umgeworfen … er wurde zu Boden geschleudert, seine Rangabzeichen sind abgerissen, er wird geschüttelt, gezwungen aufzustehen und weiterzugehen, er wird mit Kolben-

> hieben, mit Fußtritten vorangetrieben, in den grau aussehenden Haufen der Gefangenen, die alle die gleiche Kleidung tragen, die alle der gleichen Kategorie zugeordnet wurden […].[65]

Im zweiten, impliziten Vertrag wird in der Interlokution mit harten Bandagen gekämpft, – wenn die Stärkere siegt, so steht es ihr zu: In diesem Fall von individuellen Rechten zu sprechen, wäre jedoch nicht ganz treffend, denn um die Stärkste zu sein, muss man die uneingeschränkte Macht, die die Sprache über andere verleiht, einsetzen – sie ist umso schrankenloser, da sie keine sozial anerkannte Existenz besitzt. Die mit dem stärksten Worteinsatz kann somit völlig straffrei zur Verbrecherin werden. Worte, und *Reden*

> […] pourvu qu'elles présentent une apparence à peu près anodine et banale, elles peuvent être et elles sont souvent en effet, sans que personne y trouve à redire, sans que la victime elle-même ose clairement se l'avouer, l'arme quotidienne, insidieuse et très efficace, d'innombrables petits crimes.
> Car rien n'égale la vitesse avec laquelle elles touchent l'interlocuteur au moment où il est le moins sur ses gardes, ne lui donnant souvent qu'une sensation de chatouillement désagréable ou de légère brûlure, la précision avec laquelle elles vont tout droit en lui aux points les plus secrets et les plus vulnérables, se logent dans ses replis les plus profonds, sans qu'il ait le désir ni le moyen ni le temps de riposter.

> können [...], vorausgesetzt, daß sie äußerlich einigermaßen harmlos und banal aussehen, ohne daß jemand etwas dagegen einzuwenden hat und ohne daß das Opfer es sich selbst klar einzugestehen wagt, die alltäglich gebrauchte hinterhältige und äußerst wirksame Waffe für unzählige kleine Verbrechen sein und sind das auch oft tatsächlich.
> Denn nichts kommt der Geschwindigkeit gleich, mit der sie die den Partner in dem Augenblick treffen, da er am wenigstens auf der Hut ist, wobei er oft nur die Empfindung eines unangenehmen Kitzelns oder einer leichten Verbrennung hat, nichts kommt der Genauigkeit gleich, mit der sie an die geheimsten und verletzlichsten Punkte vordringen, sich in den tiefsten Falten einnisten, ohne daß er den Wunsch, die Möglichkeit oder die Zeit hätte, sich zu wehren.[66]

Mit der Wendung eines Wortes wird man zur Ordnung gerufen und wie der Erzähler von *Martereau* zwischen zwei Herren platziert. Das, was gemäß dem ersten Vertrag das ›Ich‹ als ein Freies begründet, hält es jetzt an Armen und Beinen gefesselt. Geflügelte Worte sind auch Schlagstöcke, die Sprache ein Trugbild, das Paradies ist gleichzeitig die Hölle des Diskurses, weder babylonische Sprachverwirrung noch Zwietracht, sondern die große Vorschrift, die Gleichschaltung der engeren Bedeutung, der sozialen Bedeutung.

Was ereignet sich zwischen den beiden Verträgen? Wie kommt es, dass ›Ich‹ kein allmächtiges Subjekt, kein König, keine Königin mehr ist, und sich jederzeit im Staub am Fuße des Throns wiederfinden kann? Als Sartre im Vorwort von *Portrait eines Un-*

bekannten vom »va et vient incessant du particulier au général« [Hin und Her zwischen dem Besonderen und dem Allgemeinen][67] sprach, der Vorgehensweise aller Wissenschaften also, hatte er die Tropismen im Sinn, diese Bewegung des Bewusstseins, dieses Anzeichen einer Reaktion auf ein oder mehrere Worte und er stellte sich ein besonderes Bewusstsein vor, das versuchte, an das Allgemeine heranzureichen. Genau das Gegenteil ist jedoch der Fall: Jedes Mal, wenn ›ich‹ im Singular artikuliert wird, dann ist ›ich‹ nach Sarraute das Allgemeine, ein »Unendliches«, ein »Nebelschleier«, eine »Welt«. Und schon eine Gesprächspartnerïn, eine einzige, genügt, damit das allgemeine ›Ich‹ in einer exakt gegenläufigen Bewegung zu jener, die der Wissenschaft zugeschrieben wird, zu einem einfachen besonderen wird.

Genau dort, im Intervall zwischen Lokution und Interlokution, tritt der Konflikt auf: Ein seltsamer Riss, die Spannung in der Bewegung vom Besonderen zum Allgemeinen, die jedes menschliche Wesen erfährt, wenn es vom ›Ich‹ – einzigartig in der Sprache, ohne Formen, ohne Grenzen, unendlich – plötzlich zu nichts oder fast nichts wird, zu einem ›du‹, ›er‹, ›sie‹, zu »einem eher hässlichen Männlein«, einer Gesprächspartnerin, einem Interlokutor. Die brutale Erniedrigung (eine »véritable mue« [wahre Mauser]) schließt ein, dass der allzu-vielversprechende Vertrag völlig daneben lag. Für Sarraute liegt daher die Ursache des Konflikts nicht nur darin, dass die soziale Bedeutung oder die Widersprüche zwischen allgemeinem und besonderem Interesse konstant Druck auf den sprachlichen Austausch, insbesondere in der Interlokution, ausüben. Sie stellt vielmehr das System als Ganzes in Frage: Den *grundlegenden Konstruktionsfehler* des

Vertrags, die Made im Obst, die Tatsache, dass die Struktur des Vertrags selbst unmöglich ist, – da ›ich‹ durch die Sprache einerseits alles ist, die ganze Macht (als Sprecherin) innehat, bis dann andererseits plötzlich der Untergang einsetzt und ›ich‹ alle Macht (als Gesprächspartnerin) verliert, und durch Worte gefährdet wird, die in den Wahnsinn treiben, die töten können. Der soziale Stellenwert, die Gemeinplätze sind nicht der Grund, sie kommen danach, an ihnen bedient man sich. Es scheint fast, als seien sie genau dafür da, »man muss nur auf den gemeinsamen Vorrat zurückgreifen«. Sie stehen jedem und jeder zur Verfügung, alle bedienen sich leidenschaftlich daran, die Schwachen, die Starken, alle auf ihre Art, mal in der Opferrolle, mal als Aufschneiderin, als junges Vorzeige-Paar, als selbstsicherer Mann, ohne, dass es Gewinnerinnen oder Verliererinnen gäbe. Das erniedrigende »Sie«, dass alle gleich macht, herabsetzt und als »honteuses et rougissantes dans leur ridicule nudité, esclaves anonymes enchaînées l'une à l'autre, bétail conduit pêle-mêle au marché« [verschämt und errötend in ihrer lächerlichen Blöße, namenlose aneinandergekettete Sklaven, wahllos auf den Markt getriebenes Vieh][68] etikettiert, kann wie ein Boomerang zur Aggressorin zurückkehren wie in *Martereau*, wo der Starke seinerseits in die Position des Schwachen gerät: »Tendre, faible, transi de froid, tendant sa main déformée aux portes des restaurants... les gamins lui jettent des pierres... elle l'a ridiculisé, déshonoré, ruiné... La face peinte, affublé d'oripeaux grotesques, elle le force chaque soir à faire le pitre, à crier cocorico sur l'estrade d'un beuglant sous les rires, les huées...« [Mürbe, schwach, starr vor Kälte ... die Straßenjungen bewerfen ihn mit Steinen ... Mit bemaltem Gesicht und mit groteskem Flitterwerk behängt, nötigt sie ihn, jeden Abend den Hanswurst zu spielen, auf der Bühne eines Tingeltangels unter Gelächter und Geschrei Kikeriki zu rufen …][69]

Unabhängig von ihrer Situation bedient sich jede soziale Akteur'in dieser Gemeinplatz-Waffe, es ist die entwürdigende Form der Reziprozität, die diesen Tauschvertrag begründet hat. Doch der Konflikt, der sich aus der Konfrontation der beiden Modalitäten des Verhältnisses zur Sprache (Lokution und Interlokution) ergibt, bleibt gleichwohl ungeachtet der Perspektive unüberwindbar.

Der Romanstoff von Sarraute umhüllt diese Doppelbewegung, diese tödliche Umarmung mit brutalen, glühenden, leidenschaftlichen Worten. Das ist es, was mich sagen lässt, dass das Paradies des Gesellschaftsvertrags allein in der Literatur existiert, in der die Gewalt der Tropismen fähig ist, jede Form der Erniedrigung des ›Ich‹ auf einen gemeinsamen Nenner zu kontern, das engmaschige Gewebe der Gemeinplätze zum Zerreißen zu bringen und fortwährend zu verhindern, dass sie sich zu einem System aufgezwungener Bedeutungen organisieren.

1 Vgl. Charlotte Bunch, »Learning from Lesbian Separatism«, in: *Ms. Magazine*, November 1976.

2 Ariane Brunet, Louise Turcotte, »Radicalisme et Séparatisme«, in: *Amazones d'Hier, Lesbiennes d'Aujourd'hui*, Bd. IV, Nr. 4, Mai 1986, S. 42.

3 Adrienne Rich, »Zwangsheterosexualität und lesbische Existenz«, in: Dagmar Schultz (Hg.), *Macht und Sinnlichkeit. Ausgewählte Texte*, übers. v. Renate Stendhal, Berlin 1991, S. 157.

4 Ebd., S. 167.

5 Andre Breton, »Erstes Manifest des Surrealismus« (1924), in: *Manifeste des Surrealismus*, übers. v. Ruth Henry, Reinbek 2004, S. 21.

6 Das Vergnügen am Sex ist genauso wenig Gegenstand dieses Textes, wie das Glück in der Sklaverei.

7 Vgl. Christine Delphy, »Pour un féminisme matérialiste«, in: *L'Arc 61*, 1975.

8 Colette Guillaumin, »Race and Nature. The System of Marks, the Idea of a Natural Group and Social Relationships«, in: *Feminist Issues 8*, Nr. 2, Herbst 1988.

9 Das Wort »Gesellschaft« benutze ich in seiner erweiterten anthropologischen Bedeutung; strenggenommen bezieht es sich nicht auf Gesellschaften, da lesbische Gesellschaften nicht vollkommen autonom von heterosexuellen sozialen Systemen existieren.

10 Simone de Beauvoir, *Das andere Geschlecht. Sitte und Sexus der Frau*, Bd. 2, übers. v. Grete Osterwald, Reinbek 2022, S. 334.

11 Vgl. Redstockings, *Feminist Revolution*, New York, 1978, S. 18f.

12 Andrea Dworkin, »Biological Superiority. The World's Most Dangerous and Deadly Idea«, in: *Heresies 6, 45*, 1978.

13 Ti-Grace Atkinson, *Amazonen Odyssee*, übers. v. Gesine Strempel, München 1976, S. 27.

14 Dworkin, »Biological Superiority«, a.a.O.

15 Vgl. Guillaumin, »Race and Nature«, a.a.O.

16 Beauvoir, *Das andere Geschlecht*, a.a.O.

17 Vgl. Guillaumin, »Race and Nature«, a.a.O.

18 Dworkin, »Biological Superiority«, a.a.O.

19 Vgl. Atkinson, 1976, S. 22: »Der Feminismus [strebt], wenn er überhaupt irgendeiner Logik folgen sollte, eine asexuelle Gesellschaft an.«

20 Rosalind Rosenberg, »In Search of Woman's Nature«, in: *Feminist Studies* 3, Nr. 1/2 (1975), S. 144.

21 Ebd., S. 146.

22 Siehe den Artikel in *L'Idiot International* (Mai 1970) mit dem Originaltitel »Pour un mouvement de libération des femmes« [Für eine Frauenbefreiungsbewegung].

23 Christiane Rochefort, *Les stances à Sophie*, Paris 1963.

24 Die alten Griechen wussten jedoch, dass, ohne die Kunst der Rhetorik zu beherrschen, keine politische Macht möglich war, insbesondere in einer Demokratie.

25 Wann immer dieser Text auf Lacans Gebrauch des Begriffs vom »Unbewussten« referiert, wird er mit einem * markiert.

26 Siehe z. B. Karla Jay, Allen Young (Hg.), *Out of the Closets*, New York 1972.

27 Das Wort Heterosexualität tauchte erstmalig 1911 in der französischen Sprache auf.

28 Vgl. Ti-Grace Atkinson, *Amazonen Odyssee*, übers. v. Gesine Strempel, München 1976, S. 25-37.

29 Claude Faugeron, Philippe Robert, *La Justice et son public et les representations sociales du système penal*, Paris 1978.

30 Siehe die Definition von »sozialem Geschlecht« nach Nicole-Claude Mathieu, »Notes pour une définition sociologique des catégories de sexe«, in: *Epistémologie Sociologique* 11, 1971.

31 So wie in jedem anderen Klassenkampf die antagonistischen Kategorien durch den Kampf »versöhnt« werden, der darauf abzielt, sie zum Verschwinden zu bringen.

32 Die Entscheidung diese pejorative Bezeichnung nicht auszuschreiben, und Asteriske zu verwenden, deutet an, dass eine Rehabilitation nicht möglich ist. [A.d.Ü.]

33 Sind die Millionen von Dollar, die die Psychoanalytikerïnnen jedes

Jahr verdienen etwa symbolisch?

34 Roland Barthes, *Mythen des Alltags*, übers. v. Horst Brühmann, Berlin 2012, S. 11.

35 Jean-Jacques Rousseau, *Bürger von Genf: Vom Gesellschaftsvertrag. Oder Grundsätze des Staatsrechts* (1762), übers. v. Hans Brockard u. Eva Pietziker, Stuttgart 1986.

36 Colette Guillaumin, »Pratique du pouvoir et idee de Nature: 1. L'appropriation des femmes; 2. Le discours de la Nature«, in: *Questions feministes,* Nr. 2 und Nr. 3 (1978).

37 Vgl. Colette Capitan Peter, »A Historical Precedent for Patriarchal Oppression: ›The Old Regime‹ and the French Revolution«, in: *Feminist Issues* 4, Nr. 1 (Frühjahr 1984), S. 83-89.

38 Vgl. Die Texte »Das Straighte Denken« und »Man wird nicht als Frau geboren« in diesem Band.

39 Diese Einschätzung von Marx und Engels hat in der heutigen Situation nichts von ihrer Relevanz eingebüßt.

40 Vgl. Aristoteles, *Politik*, Buch 1, Kapitel 2, 1252a. Hier zitiert nach: Aristoteles, *Philosophische Schriften in sechs Bänden*, Bd. 4, übers. v. Eugen Rolfes, Hamburg 1995, S. 2.

41 Nicole-Claude Mathieu, »Quand ceder n'est pas consentir. Des determinants materiels et psychiques de la conscience dominee des femmes, et de quelques-unes de leurs interpretations en ethnologie«, in: Nicole Echard, Odile Journet, u. a., *L'Araisonnement des femmes. Essais en anthropologie des sexes*, Paris 1985, S. 169.

42 Jean Paulhan, »Das Glück in der Sklaverei«, Vorwort zu Pauline de Reage, *Die Geschichte der O.*, übers. v. Simon Saint Honoré, Darmstadt 1967.

43 Le quart monde: »Wir müssen hier den in Europa geprägten Begriff der ›vierten Welt‹ einfügen, der in Armut lebende Menschen in den westlichen Industrienationen bezeichnet.«

44 Die Aristoteles-Stellen auf S. 5ff beziehen sich (ungefähr) auf *Metaphysik*, Buch A, 985b 23 – 988a 17. [A.d.Ü.]

45 Nathalie Sarraute, *Zeitalter des Mißtrauens. Essays über den Roman*, übers. v. Helmut Scheffel, Frankfurt a.M. 1975, S. 43.

46 Ebd.

47 Es handelt sich hierbei um die franz. Übers. v. Sapphos LP 111 (Sappho, *Fragments*, livre IX, übers. v. T. Reinach u. A. Puech, Paris 1960, S. 110-111). Da die franz. und dt. Ausgabe große Unterschiede aufweisen, die sich darauf zurückführen lassen, dass die Dichtung Sapphos nur fragmentarisch erhalten ist, wurde an dieser Stelle die französische Übersetzung übertragen. Die korrespondierenden Verse in der dt. Ausgabe lauten: »Hoch denn also den Türstoß, Zimmerer, Mannsbilder/ der Bräutigam kommt, ein Typ gleich wie Ares,/ noch viel größer als ein großer Kerl.« In: Sappho, *Lieder*, übers. v. Anton Bierl, Ditzingen 2021, S. 169f. [A.d.Ü]

48 Gertrude Stein, *How to Write*, Paris 1931.

49 Colette Guillaumin, »The Question of Difference«, in: *Feminist Issues* 2, Nr. 1. (1982); »The Masculine: Denotations/Connotations«, in: *Feminist Issues* 5, Nr. 1 (Frühjahr 1985); Nicole-Claude Mathieu, »Masculinity/ Feminity« in: *Feminist Issues* 1, Nr. 1 (Sommer 1980); »Biological Paternity, Social Maternity« in: *Feminist Issues* 4, Nr. 1 (Frühjahr 1984).

50 Sande Zeig, »The Actor as Activator« in: *Feminist Issues* 5, Nr. 1 (Frühjahr 1985).

51 Vgl. Emile Benveniste, *Probleme der allgemeinen Sprachwissenschaft*, München 1974.

52 Die erste Demonstration der französischen Frauenrechtsbewegung fand am Pariser *Arc de Triomphe* statt, am Grab des unbekannten Soldaten. Auf einem ihrer Spruchbänder war zu lesen: »Un homme sur deux est une femme« [Jeder zweite Mensch ist eine Frau]. Ziel der Demonstration war eine Kranzniederlegung zu Ehren der Frau des unbekannten Soldaten (noch unbekannter als der Soldat), sie war als Solidaritätsbekundung für die amerikanische Demonstration für Frauenrechte im August 1970 gedacht.

53 In: *L'Express*, 30. November 1964.

54 Nathalie Sarraute gebraucht *elles* sehr häufig in ihrem Werk. Aber nicht, um es zu einem universellen Begriff zu machen, in dieser Hinsicht ist ihr Werk von anderer Natur. Aber ich bin überzeugt, dass sich mir *elles* ohne sie nicht mit solcher Wucht aufgedrängt hätte. Es mag ein Beispiel sein für Julia Kristevas Konzept der Intertextualität.

55 Tatsächlich finde ich die Übersetzung von David Le Yay sehr schön, vor allem was seine Wortwahl und den Rhythmus der Sätze angeht.

56 Der englischen Fassung von *Opoponax* fehlt der gesamte Gedichtkorpus, der im Französischen als organisches Element im Text integriert und nicht durch Kursivschrift oder Anführungszeichen abgegrenzt war. Im Englischen hingegen steht dieser gesamte Gedichtkorpus unübersetzt da und hat keinerlei praktische Bedeutung.

57 »Parole« wird hier im Sinne von Ferdinand de Saussure als (menschliche) Rede bzw. konkretes Sprechen verstanden und übersetzt. Im Unterschied dazu wurde der Roman von Nathalie Sarraute mit dem Originaltitel »L'usage de la parole« [wörtlich »Der Gebrauch der Rede«], welcher im Weiteren erwähnt wird, als »Der Wortgebrauch« ins Deutsche übertragen. Aufgrund des Kontextes scheint es hier jedoch angemessen, der Terminologie Saussures und seiner Übersetzung ins Deutsche zu folgen. [A.d.Ü]

58 Sarraute, *Zeitalter des Mißtrauens*, a.a.O., S. 79.

59 »Lieu commun«, Wortspiel: der Gemeinplatz, die abgedroschene Redensart und zugleich (öffentlicher) Platz für die Gemeinschaft. [A.d.Ü.]

60 Nathalie Sarraute, *»sagen die dummköpfe«*, übers. v. Elmar Tophoven, Köln 1995, S. 114.

61 Nathalie Sarraute, *Der Wortgebrauch*, übers. v. Elmar Tophoven, Köln 1984, S. 102.

62 »Hérault, héraut, héros, aire haut, erre, haut, R. O.« heißt es wie im Original (Paris 1968, S. 22) bei Nathalie Sarraute, *Zwischen Leben und Tod*, Köln 1969, S. 30. Wittig zitiert, indem sie das imaginative Prinzip des Zitats auf es selbst anwendet. [A.d.Ü.]

63 Sarraute, *Der Wortgebrauch*, a.a.O., S. 62.

64 Ebd., S. 64.

65 Sarraute, *»sagen die dummköpfe«*, a.a.O., S. 37.

66 Sarraute, *Zeitalter des Mißtrauens*, a.a.O., S. 68.

67 Nathalie Sarraute, *Portrait eines Unbekannten*, übers. v. Elmar Tophoven, Köln 1962, S. 13.

68 Nathalie Sarraute, *Martereau*, übers. v. Elmar Tophoven, Frankfurt a. M. 1965, S. 123.

69 Ebd, S. 202.